Fashion Beauty

南方赤火 顧閃閃 等◎著

唐風美人誌

FASHION BEAUTY

瑞昇文化

大唐盛世浮華二百餘年，留下無數繁複動人的時尚財富。上至王公貴族，下至市井平民，盡顯當朝女性的絕代風華。

這是一個女子也能書寫傳奇的時代。學霸昭儀上官婉兒在御前揮灑筆墨；權勢滔天的太平公主用一身颯爽男裝彰顯自由；才女薛濤巧借一頁赤箋遙寄癡心；身為天潢貴女的安樂公主享盡世間奢靡浪漫。

這是一個女子也能活出自我的時代。當朝第一美人楊玉環傾情演繹「雲想衣裳花想容」的浪漫風情；武皇拒絕后妃標籤，做朝堂之上的事業女強人；梨園女神齊聚總決選，打造大唐舞臺的視覺盛宴。

這更是一個留下無數逸聞奇談的時代。叛逆女道士魚玄機緣何捲入蹊蹺命案？癡情霍小玉為何對渣男李益念念不忘？更有太宗對長孫皇后的浪漫示愛，甜蜜迴圈停不下來！

夢迴大唐，品美人生平、賞唐風好物，看盛世全景，掌握長安一手潮流資訊，秒變大唐時尚女愛豆！

FASHION

美妝穿搭
名人帶貨

CHAPTER ONE

第一章

FASHION BEAUTY

上官婉兒

（約西元664年—西元710年）

職業

女皇秘書，昭儀，
全國詩會總評委

ID

@則天大聖皇帝指定美少女

個性簽名

談大唐時尚，
沒人比我更有發言權

文／顧閃閃

ShangGuanWanEr

鬟髻：
為盛唐氣象，注入一絲少女的嬌俏

　　上官：說起我唐最 in 的髮型，那一定是女皇陛下鍾愛的高髻！但眾所周知，高髻並不是人人都能 hold 住的，它對氣場和髮量都有著嚴格要求。髮量不夠的名媛們，為了體面，只好求助於義髻（假髮），赴一次夜宴，往往要凌晨就起來梳妝，天天梳實在是遭不住啊。

　　今天我就教大家一款適合日常的鬟髻，「手殘」必備，超級簡單！所謂鬟髻，就是將髮髻盤成環狀。這種髮髻古已有之，到南朝時，中原刮起「佛系」風，女孩子們流行將頭髮攏到髮頂正中，做成上豎的環式，稱之為「飛天髻」。

　　除此之外，鬟髻還有百合髻、雙垂環髻、單環髻等多種打開方式，包你日日造型不重樣。鬟髻原本就是女子未出嫁時的髮式，可愛減齡，少女感十足，這也是本昭儀憑藉著一張娃娃臉，穩坐時尚 icon 寶座的秘訣！

梅花妝：
驚豔！高段位遮瑕小技巧

　　上官：也不知道提這個話題的是想學妝容還是想聽八卦。這事說起來，的確是我不慎觸怒了女皇陛下，被罰黥刑，在臉上刺了字。在那之後，雖說陛下很快就原諒了我，但還是有許多人在等著看我的笑話，以為我再無顏露面，卻沒想到我只用了一枚小小梅花鈿，便化傷痛為風情，還引得合宮上下爭相效仿。不愧是我！

　　至於什麼女皇與我爭風吃醋，持劍傷我的緋聞，建議大家還是聽聽就算了。女皇與我同是事業型靚女，惺惺相惜，豈會為了一個男人離心？雖說這種遮瑕小技巧的確是我帶火的，但卻並非是我的原創。傳說，南朝宋武帝的女兒壽陽公主曾臥於梅樹下小憩，時有微風吹過，吹落梅花，恰墜於公主眉間，拂之不落，就成了最早的「梅花妝」，當時也大火了一陣。不得不說，復古才是真流行。

披帛：
夏日最飄逸的一抹亮色

　　上官：暑氣炎炎，想穿搭配色又怕服飾厚重？用披帛呀！偷偷告訴大家，本昭儀衣櫥裡約一半的空間，全都被披帛佔領了。主持詩會時，配一條素色絲絹披帛，盡顯脫俗雅趣；進宮赴宴，就要披那條刺繡團花的，精緻奢華；陪女皇禮佛時，當然就要著那條描金的大紅披帛，莊重的同時又透著濃濃的異域風情。穿戴方式也不只一種，或搭於臂上，或繞過頸前，走路時無風自動，如翩然起舞一般。

　　其實早在貞觀時期，玄宗皇帝就曾頒下詔令，後宮嬪妃赴宴時，必須身披披帛，以彰尊貴。上行下效，士庶女子，不論貴賤，人人都佩戴披帛，以攀比誰的披帛更華貴、更新潮為樂。身處這樣的盛世風潮下，如果還不入手一條披帛，才是真的out啦！

上官婉兒
ShangGuanWanEr

身邊有個女學霸是什麼體驗？

▷▷ 文/ 南方赤火

 302個回答

默認排序 ▼

掖庭袁奶奶
大明宮最高工齡記錄保持者

👍 1700人贊同了該回答

　　女學霸啊，那不就是才女嗎？老嫗我在掖庭幹了六十多年了，有才氣的女娃見過不少，今天說一個讓我印象最深的吧。

　　麟德元年冬天，有個夫人被發配到掖庭為奴。她是過去上官宰相家的媳婦，因著全族獲罪，丈夫一家男丁都被殺了，具體獲罪的原因老嫗我也搞不懂。反正這夫人挺知書達理，懷裡還抱著個剛出生的女娃，狼狽是狼狽，但儀容一絲不亂，還客氣地跟我們宮人打招呼。

　　我要說的是這個剛出生的女娃娃。大家知道掖庭裡也有義務教育，請宮教博士們教授宮人書算眾藝什麼的，也算是給這些罪人們培養個一技之長，以後能為

皇家所用，免得浪費糧食。

　　這個女娃娃——叫什麼來著？婉兒，乖乖不得了，三歲了就去旁聽六歲的課，先生在上頭提問，她答得比誰都快。宮教博士都說沒見過這麼靈光的小孩。學到十來歲，博士們都說教不來她了。

　　從此以後掖庭學堂的教案都是她寫的。漸漸的，掖庭往外傳遞的檔、過年過節的賀表以及各種文書，也都由她執筆。終於有一天，有人慌慌張張地來報，皇上駕到！

　　皇上就是當年的武后。我們掖庭幾百個人黑壓壓地跪在地上，不知道皇上為什麼心血來潮。要是被她看到什麼懶散馬虎的事，大家還可能掉腦袋。

　　誰知皇上什麼譜也沒擺，只是讓人問，最近幾年掖庭裡執筆寫文件的是哪個懷才不遇的學士，她想給他升個官。

　　眾人面面相覷。最後，那個十三歲的小女孩被人推了上來。

　　皇上很驚訝。小姑娘長得討人喜歡，大家閨秀做派，一點兒不像是掖庭裡長大的。

　　皇上當場給她出題寫詩文，她不假思索地一揮而就。皇上帶來的幾個老夫子傳閱了她的卷子，愣是找不出一點兒可以改進的地方。

　　皇上龍顏大悅，當即把這個小姑娘免了奴婢身份，帶在身邊走了。

　　後來？後來聽說這姑娘當了大官，在皇上身邊呼風喚雨，地位等同於宰相，威風得不得了。

　　從那以後，掖庭裡的每一個女孩子都以她為榜樣，也不傷春悲秋了，也不描眉畫眼了，日日寒窗苦讀，比太學裡的書生們還用功，老嫗我很是欣慰啊，省了我多少管教的工夫。

　　不過再也沒有第二個人像那個婉兒一樣，成為雞窩裡飛出的金鳳凰。

　　別人說這不奇怪。婉兒那種天生才氣是百年不遇，哪能年年有呢。

　　可是老嫗我卻不太同意。掖庭裡聰慧的女孩子多了。可武皇不在了，後來的皇帝都是男人，來掖庭只為了選妃子，就算有幾個才女，他們也瞧不見。

　　所以這個婉兒啊，是趕上好時候啦。

華夏第一女帝
【已註銷】

👍 9732人贊同了該回答

這個問題很有趣。批奏摺批累了，隨手一答。

樓上宮婢說的可能跟朕想的是同一個人。這年頭才女不多，很容易定位。

不要誤解朕的意思。我華夏人傑地靈，女子有才者不少，但大多是貴家嬌女，讀了十幾年詩書，一輩子相夫教子，名氣傳不到家門之外。若有那妄圖染指家宅外事務的，早就被父兄丈夫潑一身冷水，縱有高遠志向，也難以付諸實施。

婉兒很幸運，沒有父也沒有兄。實際上她家裡男人都死絕了，是朕殺的，朕不否認。

那時候朕還是高宗李治的皇后，時常幫李治處理政事，算得上一個得力的賢內助。可是有些事情，皇帝不急太監急，一幫老夫子時常上躥下跳，說什麼武后跋扈，應當限制她的權力。

笑話。皇帝是天下之主，擇能人而用之。朝廷裡那麼多吃閒飯的大臣，朕的能力遠在大多數朝臣之上，憑什麼不能輔佐皇帝了？

難道就因為朕是女人？

真是令人震驚。都7世紀了，大唐女性地位前無古人的高，居然還有人認為女人除了「狐媚干政」就沒點別的志向。

其中那個宰相上官儀態度最為激烈，三天兩頭攛掇皇帝廢后，居然還起草了廢後詔書。虧朕還一直賞識他。

那朕就拿他開個刀，不冤枉吧？

當然了，上官儀的這些態度，朕的皇帝老公也是默許的。男人嘛，貪戀權力，不願和旁人分享，也可以理解。

但李治也明白，他離不開朕。朕稍加質問，他就把鍋全都推給上官儀，說什麼佞臣誤我。

朕就騎驢下坡，找了個由頭，誅了他全家。

婉兒是上官儀的孫女。她很清楚自己的身世，但她依舊選擇對朕盡忠。

這是聰明人。

她清楚她的祖父錯在何處。她也清楚，只有在朕的羽翼之下，她才可能憑藉女子身份，重返她祖父當年的巔峰。

因此朕毫不懷疑她的忠誠，完全不擔心出現什麼「豪門孤女忍辱負重暗殺仇人」的「腦殘」橋段。

跟高智商的人相處起來就是爽快。朕一句話，一個眼神，她就知道應當如何應對。

她替朕撰寫詔書，還和大臣們商議軍國大事，狡黠而老成，讓朕似乎看到了自己年輕時的樣子。

當然了，她也有女人的弱點。她仗著朕的寵愛，和朕的面首張昌宗眉來眼去，著實氣得朕不輕。不過話說回來，男人如衣服，朕喜歡她的筆桿子，不會為了這點小事跟她爭風吃醋，因此只是小小懲戒完事，第二天該怎麼辦公還怎麼辦公。

怎麼樣，比那些男人皇帝大度多了吧。

有時候朕胡思亂想，等到遙遠的以後——也許用不著多遙遠，大明宮的明堂之上，女官和男臣平分秋色，紅粉和鬚眉並駕齊驅，各自從容地為這個國家效力，天下平白多出一倍的英才。

想想就舒爽。

婉兒只是個開端。爾等拭目以待吧。

　【該用戶已銷號，評論已關閉】　

 匿名用戶

👍 105人贊同了該回答

謝邀。這個問題我最有資格回答。出於個人隱私原因選擇匿名，見諒。

由於工作原因，我身邊有很多學霸共事，但他們一般都是男的，女學霸寥寥

無幾。

　　只有她，一個人的才氣抵得上她身邊所有男人的總和。

　　她是我家的家族秘書，是被我母親慧眼發掘的。那時她只有十三歲，而我已經年過二十。母親拿來她的文章和我的一對比，每次都讓我自慚形穢。

　　我開始暗中注意這個聰敏的小姑娘。但是我不敢染指於她。她是我母親的人，而我不敢忤逆我的母親。這其中原因很複雜，不細講了。

　　總之，她跟在我母親身邊瘋狂地學習，她變得越來越像我母親。我看到她是如何精心討得我母親歡心，有驚無險地度過了一次又一次的信任危機。我看到她強烈的事業心，我看到她對權勢的渴望。我知道這個女人如果不是累於出身，她定然會比我們男人更加功成名就。

　　說個好玩的事吧。我們大唐文化發達，女子吟詩作文也不是罕事，但寫詩畢竟費腦子，我的妻女們也都文采平平，每次過年過節，大家應景賦詩，水準也就那麼回事。忽然有一年，大家集體開竅，我的小女兒拿出了一首驚豔全場的詩，隨後我的大女兒也不甘示弱，拿出一首風格迥異、同樣精彩的詩，然後是我的妻子，她平時連抄書都經常抄出錯別字，這次也居然拿出了一首朗朗上口的詩……

　　大家面面相覷，最後不得不承認，都是請才女代筆的……

　　當然啦，這種事對她來說不過是動動手指。換來的是我們全家對她的依賴。

　　她用自己的才華給自己換來了許多東西：財富、地位、名聲、家人祖先的平反，甚至還有和不少風流才子的桃花。

　　我呢？我甚至不在她的備胎名單裡。我這一輩子被女人壓制慣了，不奢望太多。

　　直到我的母親去世了，家族事業落到了我的手裡。我成了她的新上級。

　　我終於可以納她為妾，想把才女拴在我的一方小天地裡，每天為我著紅妝。但是我發現自己做不到。

　　我需要她處理公務。她每缺席一天正事，我的辦公室裡就會多一堆讓人焦頭爛額的爛帳。

　　我這個人吧性子比較軟，我的妻子、女兒和手下都喜歡各自結黨爭鬥，我限制不來。只有她能夠幫我平衡各方勢力，讓我安安心心地在家享福。

我們家族的事業運轉完全離不開她。

以色事人幾時好？ 或許，這就是她能始終保持自己地位的原因吧？

有時候我胡思亂想，我家族的祖先們也許做夢也想不到，一個女人能憑藉自己的才能——而不是臉蛋，爬到如此高的位置上，接管他們所珍視的權力。

她像男人一樣生殺予奪，翻雲覆雨。

而我的後輩們呢？ 百年之後，這種紅粉當政的局面是會成為家常便飯，還是會成為埋入歷史的驚鴻一瞥，讓人難以置信？

扯遠了。總之，作為一個男人，身邊有一個處處強於自己的女學霸，肯定是有壓力的。但時間久了也就習慣了。

畢竟，給我壓力的也不只她一個女人。

 評論（2201）

 皇后韋氏
皇上這最後一句話是什麼意思？麻煩下朝之後來我宮裡一趟。

 匿名用戶（作者）
皇后妳是怎麼認出朕的？
[驚恐.jpg]

著名詞人宋之問
年年歲歲花相似，歲歲年年人不同

👍 **295人贊同了該回答**

謝邀，人在皇宮，剛下馬車。

不謙虛地說，本人也算是學霸一枚，進士及第，文采斐然，和沈佺期並稱「沈宋」。大唐文壇裡本人少有敵手，只有一個女學霸上官婉兒處處壓我一頭，讓人很惱火。

她倒是有那麼一些才氣，也會作詩。由於家學淵源（她祖父是宰相上官儀），她的詩風細膩，聲辭精巧，綺錯婉媚。由於她是女皇身邊紅人兒，「上官體」詩風流傳於宮廷，人人都爭相模仿。

不才我為了仕途順達，也按照這個風格作了許多詩，得到了皇上的讚譽，真是慚愧。

可是我不服氣啊。「上官體」得以流行，只是因為她的政治地位比較高而已。我宋之問官小，就沒人模仿我的詩風。

哎，沒辦法，誰讓這天下女子當政，女子地位高得不得了，我們男人只能吃虧。

後來女皇下臺，中宗復位，按理說應該重用我們男同胞了吧。可是皇上居然還依仗她為左膀右臂。她提議發展文化事業，設置昭文館廣招天下名士，儼然成為大唐第一學術泰斗，那個威風瀟灑，讓我們堂堂鬚眉男兒心裡太不平衡了。

不過呢，昭文館給出的俸祿豐厚，不才我也就厚著臉皮去報名了，而且被選為學士。

我記得有一次，皇上賜宴遊樂，令學士文人們賦詩唱和，而且要評選一篇全場最佳詩作，呈御覽並譜曲。

那是極大的榮耀。我們一群飽學之士都摩拳擦掌，打算大出風頭。

我忽然想起來，問：「那誰是裁判？」

有人指著一個在高臺上怡然端坐的身影：「還能是誰？ 上官昭容啊！」

我一口血差點吐出來。

讓一個女流之輩主持風雅，做我們大老爺們的裁判？

人在屋簷下不得不低頭。為了詩作御覽的榮耀，我毅然參賽。

我偷偷左右看，只見同僚們全都抓耳撓腮，有些緊張得手抖，一會兒看紙，一會兒抬頭看看上官婉兒的面孔，絞盡腦汁地創作。

沒出息。太沒出息了。

我一邊腹誹，一邊揣摩上官婉兒的喜好，搜腸刮肚做了一首律詩。

詩作被拿到了高高的彩樓上，呈現給她。

她看得很快，一張紙一張紙地拿來，讀完詩題和開頭兩句，就皺皺眉頭，隨手將詩稿一丟，當場退稿。

內侍高聲念出被退稿的作者名字，他灰溜溜地下樓。

公孫大娘

昔有佳人公孫氏，

一舞劍氣動四方。

還好不是我。

就這樣，不合格的作品被快速淘汰。我的心提到了嗓子眼。

因為一個女評委而患得患失，丟人，太丟人了。

終於，她手中只剩下兩份詩稿。不用看也知道，一份是我的，另一份是跟我名氣相當的沈佺期的。

我看看小沈。他汗如雨下，緊張得嘴唇發白，跟我輕聲說：「老宋啊，以往咱倆旗鼓相當，才名一向不分伯仲。我看……我看就以今日定高下，以後不必再爭了。」

我咬著嘴唇，不錯眼珠子地盯著彩樓，看到那上面又飄下來一張紙——

好像是沈佺期的字跡！

沈佺期還在一臉期待地看著我。我當即拍胸脯，說道：「一言為定！ 就以上官昭容的評判為准！」

倘若此時有人看到我的眼神，定會以為我是上官昭容的狂熱粉絲。

詩稿落地，果然是沈佺期的！

後來的事我有點記不清了。據宮人回憶，我當場跳了三圈胡旋舞。

才女是我的福星。雖然在女人手底下工作有點……掉份兒，但為了前途，我忍了。

不過我依然希望大唐的文壇領袖能是個男的……

不說了，我去梳洗換衣了。才女今天晚宴，本英俊小生要去自薦枕席了，哈哈。

 評論（577）

 著名詩人沈佺期
兄台加油。

 張昌宗
宋先生照照鏡子吧。就你這個口臭，誰願意收你當面首啊？當年武皇差點被你熏死。

 劉希夷
歪個樓，答主簽名檔的兩句詩系抄襲，望周知！

韋后指定皇太女
直播美妝帶貨，官位空缺有意者私信

👍 5566人贊同了該回答

不邀自來！

上面這些水軍你們夠了！別以為本公主不知道你們說的是誰！

不就是上官婉兒這個賤婢嗎？被你們一個個捧得跟仙女似的，膚淺！不就是會作點詩文嗎？我大唐會作詩文的才子才女多了，缺她一個？

她就是會鑽營！小小年紀在掖庭裡就琢磨著怎麼出頭，傍上我皇祖母的大腿就不放，是一個曲意逢迎的馬屁精，一點個性都沒有。

學霸就應該泡在昭文館裡研究學問，哪有像她這樣積極干政的？哦，她確實會寫詔敕，擺出一副忠心佐政的樣子，幫我母后出主意，實施了一些收買人心民望的政令。她還幫我們排斥異己，我那太子哥哥李重俊造反，也是她輔佐我父皇出兵抵禦的。表面上好像很忠於我們母女似的。其實後來我猜看出來，她一點兒也不是真心輔佐我母女！她只為她自己！

我們跟太平公主鬥了那麼久，她就是不選邊站，這還不能說明什麼嗎？她就是看不得女子當皇帝！跟她祖父一個德性！

女人何苦為難女人，是不是？

本公主要當皇太女那是眾望所歸，天下人哭著喊著奏請我父皇立儲。就她矯情，非要反對，變著花樣地進諫，什麼辭官啊，出家啊，還居然來了個死諫。妳倒是真死啊，還不是讓太醫給救回來了，做戲！就憑這一點，本公主跟她不共戴天，等以後當了女皇，第一個清算她！你們這些給她說好話的等著，我一個都不會放過！

立帖為證！

 評論（388）

 皇后韋氏
裹兒是妳嗎？趕緊把皇太女這段給我刪了！妳就是不懂低調！氣死為娘也！

大明宮的小太平

辦公中·勿擾

👍 9673人贊同了該回答

有個才女在身邊的感覺，大概就是……能處處發現美吧。

身邊正好有個女學霸，跟我差不多大。她心思玲瓏，我出身高貴，誰也不服誰。

小時候一起讀過書，一起打過馬球，一起結伴春遊，為同一個帥哥心動；長大了漸漸變得陌生，互相算計過，提防過，合作過……現在怎麼說呢，算是朋友吧。

我和她曾經在政見上有分歧，曾經為了一個男人爭風吃醋，但是女人嘛，總是懂得惺惺相惜。

這一點我和我母親一模一樣。

才女年輕氣盛的時候曾經忤逆聖上，犯了死罪。但是聖上愛惜她的才情，再加上她花言巧語裝可憐，赦了她死罪，改為黥面之刑，也就是臉上刺了墨字。

她養傷的時候我去看她，打算好好慰（嘲）問（笑）一番。

一般女子破相後怎麼也得尋死覓活一番吧。沒想到進了門，才女風流繾綣一如既往，張羅著給我煮茶斟酒。我一看，好傢伙，她竟然在黥面的傷口上貼了梅花金鈿。當時長安女子流行在臉上貼花鈿，可她這花鈿設計得比市面上的都精美百倍，又恰好遮在她的傷口上，不僅看不出受過刑，反而更嫵媚了！

我五體投地。這丫頭真懂得化腐朽為神奇。

才女也不藏私，大大方方地給了我梅花鈿的做法。我回去試了一下，效果超群，迷倒了三個男朋友。

才女愛書，府中書房無數，書架上薰有異香。有時我向她借書，那幾天自己的書房也會奇香撲鼻。她去世以後，我翻看舊物，偶然發現一本忘記還給她的書，幾十年過去了，依舊香氣不散。

對了，她死於宮廷政變。死於一個不懂得欣賞她的才能，只把她當成潛在政敵的膚淺男人之手。

別看別人，李隆基，我說的就是你！

那年我哥哥李顯猝然去世，他的皇后韋氏和女兒安樂公主火速把持朝政，妄圖複製我母親武則天的傳奇——她倆真的有治國之才也就罷了，奈何只是兩個美麗的草包，論才幹及不上武皇的一根頭髮，跟武皇唯一的相同之處大概只有性別。

我當機立斷，叫上李隆基，讓他殺進宮中，解決掉韋氏母女和她們的同黨。

至於婉兒，才女百伶百俐，雖然身在險境，但早就撇清了自己和韋氏叛黨的關係，還找我共同起草了一份遺詔，表明自己對李唐皇室的忠心。

上次太子李重俊叛亂，叫著要殺她，她都能巧妙地化險為夷。這次我也不擔心她。

誰知宮變第二天，李隆基給我來信，說昨日的政變十分成功，該死的都死了，只是婉兒不巧也被誤殺，他表示很遺憾。

我當時就驚呆了。

才女心思細膩，洞察人心，當年連我母親都沒捨得下手殺她。

她如何會被「不小心」誤傷？

我明白，是李隆基怕她日後與他為敵罷了。

隨後，才女的「罪名」也紛沓而至。什麼穢亂宮禁、私通禁臣、輕弄權勢……

我太明白男人的這些小心思了。他們不能容忍女人執掌權柄，他們會用最苛刻的標準來評判她的能力，恨不得鑽入她的石榴裙下，吹毛求疵地放大她的每一項弱點。

對我母親如此，對我如此，對她亦是如此。

但是我老了，沒有力氣給她正名了。我把她的詩作編成了文集。我倒要看看，她被後世所銘記的，到底是那點兒花邊新聞，還是她的錦繡才名。

評論（1549）

 李隆基
姑母妳有點過分了，婦人家不要妄議政治，妳不懂。

 大明宮的小太平（作者）
呵，本公主妄議政治的時候，你牙還沒長齊呢！

 李隆基
姑母好自為之。

太平公主

（約西元665年—西元713年）

文／顧閃閃

職業

政治家，
皇帝和皇帝的寶貝女兒

ID

@大明宮的小太平

個性簽名

本公主帥起來，
就沒有諸皇子什麼事了！

TauPingGongZhu

圓領襴衫：
都說了，穿裙子影響我大展拳腳！

　　太平：我為什麼要穿男裝？一個字，爽！古人講，女子出門要守這個規矩，要遵那個教條，我大唐女子可不管那些，我母親連皇帝都做了，穿身圓領袍又算什麼？比起拖拖拉拉的長裙，開衩的圓領袍更便於活動，搭配上我心愛的皂羅折上巾，不管騎馬、打獵、還是踏青約飯，我都自在得不得了，值得推廣，五星好評！不要和本公主喊什麼交領右衽才是正統，早在貞觀時期，經長孫無忌倡議，圓領襴衫就成為了士大夫的官方穿著。我爺爺和阿翁的日常穿搭就是赤黃圓領襴衫、折上巾、九環帶和六合靴，不信你們去看畫像！

抹額：
穿男裝又想凹造型？選它！

　　太平：《續漢書・輿服志》記載，抹額是打仗時保暖防風用的，秦始皇、漢景帝都做過代言人，全軍推廣，誰用誰説好。到了我朝，抹額就成了男裝小姐姐們耍帥、凹造型的利器。可以駕馭抹額的姑娘都擁有獨特的氣質，可鹽系可禁慾。紅黃兩色的抹額綁在光潔的額頭上，勝過百樣斜紅花黃，保妳在一眾女扮男裝的時尚姐妹中脫穎而出。

　　俗話説，美麗從「頭」開始。身穿男裝很難搭配滿頭珠翠，我建議定製一條抹額。走簡約路線，抹額便成了軍中之物，充滿殺伐冷豔之氣；可一旦飾以刺繡和珠寶，此物就又成了夜宴女郎們的寵兒。抹額一戴，誰都不愛，當真是又Ａ又有型。

蹀躞帶：
酷女必備七大件

太平：還在繫普通的腰帶嗎？拔刀殺人多不方便。身為行走在詭譎政壇的鐵腕小公主，我首選可防身可裝飾的蹀躞帶。這款多功能腰帶自帶佩刀、短刀、礪石、契苾真、噦厥、針筒、火石等便攜式的戰鬥裝備。這些裝備合稱「蹀躞七事」，是我曾祖父——高祖皇帝執政時，從胡族傳來的。蹀躞帶可不止實用這一點好處，充滿質感的牛皮材質、用料考究的金鑲玉、豪邁中不乏精緻的鏨花銀香囊，都在無形中提升了佩戴者的氣場和品位。只有三品以上的官員才能使用金玉帶銙的蹀躞帶，更在無形中抬高了佩戴者的身價，讓普通的男裝平添幾分大唐貴氣。

太平公主
TauPingGongZhu

男裝才是真絕色

▶▶　　▷▷　　文／拂羅

「長安大道連狹斜，青牛白馬七香車。玉輦縱橫過主第，金鞭絡繹向侯家。」

什麼是大唐女子的時尚？

若說美人如花隔雲端，唐宋元明清，唐代的美人便是牡丹，不是徐徐地開，而是熱烈地怒放。尤其在安史之亂前的大唐，那時萬國來朝，還沒有後世「三寸金蓮」的陋習，她們可以盡情提裙奔跑；更沒有「弱柳扶風」的嬌弱，她們可以盡情著胡服、打馬球……大唐的女子，就像一抹胭脂點綴了盛世。

若我們回溯千年，來到大唐，必定能看到女子們穿胡服款款出行的「奇景」，其中的代表人物便是太平公主。

太平公主是何許人？

為了盡可能還原這位引領唐朝風尚的公主，本期的週刊穿越板塊將派出三位時空記者。他們會根據太平公主的生平，分別前往三個時空段，共同描述這位傳奇女子的一生。

首先，我們連線記者Ａ……喂？能聽到嗎？

你們好，眼下我身處西元670年。我將帶你們見證太平公主從幼年到少年的時光。廢話不多說，既然由我開場，那麼趁著尋找小公主的時間，咱們來簡單講講背景吧。

大家都知道大唐的開國皇帝是李淵，正是他與兒子李世民起兵推翻了隋的暴政，而李世民在經歷「玄武門之變」後，又開啟了貞觀之治。此後，萬國來朝，一個傳奇的唐朝開始了。

在李世民之後是唐高宗李治，很多人跟我反映沒聽說過他……沒關係，李治的老婆比他出名多了。李治早期精明能幹，晚年卻因「風眩」病遲遲治不好，總把活兒推給他老婆，為日後他老婆篡權種下了隱患。

> 李治：哎呦，頭疼……老婆大人幫幫忙。
> 李治他老婆：好，知道了，你快歇著吧。
> 李治：哎呦……老婆？
> 李治他老婆：好吧，知道了。
> 久而久之，小劇場已經漸漸變成了如下畫風。
> 李治：哎呦……
> 李治他老婆：你，下場，我來。

可能有人會問，賢內助不好嗎？我提醒一下，李治他老婆......姓武。大家可能就一拍腦瓜想出來了 —— 他老婆就是大名鼎鼎的武則天，也就是從古至今第一位女皇帝。自古天家明爭暗鬥，李治再三拱手相讓，終於將龍椅「讓」了出去。

而我們這次的採訪物件，就是李治與武則天的第二個女兒，太平公主。

要形容這位小公主的幼年生活，可謂是嬌生慣養、錦衣玉食……多少詞都不夠。我已經喬裝在後宮繞了好幾圈，五歲的小公主不是去探望母后了，就是被前呼後擁著出宮探望她的外祖母榮國夫人了。

我壓根兒沒機會採訪啊。但是沒採訪到公主我絕不回去！目前我正蹲在宮牆腳下，為你們繼續報導。

什麼？有人問太平公主有多受寵？

這個嘛……作為武則天兩口子最小的女兒，本就集萬千寵愛於一身，更別提武則天經歷過喪女之痛，自然要把雙份寵愛都給年幼可愛的太平公主了 —— 她姐姐安定思公主正是在襁褓中早夭的。

就在安定思公主夭亡後，太平公主出生了。作為母親，武則天將柔情都給了小女兒。武則天對太平公主有多寵愛？聽宮女們偷偷講過，五歲的小公主喜歡去外祖母家玩，因為每次都帶了很多美貌侍女，就被她那不正經的堂兄賀蘭敏之盯上了。

這個衣冠禽獸的輕薄行徑，給小公主留下了很深的陰影。孩子哭著回宮找母親，武則天一聽，拍案大怒：欺負到我家寶貝身邊的隨從頭上，這還得了？武則天當即撤了此君在武家繼承人的身份，並將其流放。流放還不夠，此君在半路就被武則天賜死了。

小宮女們紛紛拍手：大快人心。

（畫外侍衛音：「哎，那個蹲牆根兒的，鬼鬼祟祟幹嘛——」）

與記者Ａ連接斷開三分鐘……

呼，大家好，我是記者Ａ。

剛才蹲牆根被人家發現了，差點因公殉職，幸好我跑得快啊。看來是沒機會採訪幼年時的小公主了，反覆跳躍幾次，看來我只好前往公主少年時候了。

趁我跳轉時空的當兒，咱們繼續講公主有多受寵。

首先不得不提，其實「太平」是公主的道號，因為後來外祖母去世，武則天又唯恐女兒也夭折，就以祈福之名讓女兒出家為道士。

　　小公主名義上出了家，其實還是住在宮裡，留在母親身旁。後來吐蕃派使者來求婚，一眼就看中了漂亮的小公主。在古代，公主出塞聯姻本是最尋常不過之事，但武則天看著眼淚汪汪的女兒，又看看雙眼冒光的大鬍子吐蕃人，腦海裡第一個蹦出來的詞是「做夢」。

　　關於這點，李治和老婆同一戰線：我家的小白菜，豈是你說摘就摘的？

　　面對吐蕃使者當然不能直接說「你做夢」，兩口子思來想去，乾脆命人修建了太平觀讓女兒去住，也算是正式出家來逃避提親，吐蕃使者只好快快作罷[1]。

　　太平公主在父母膝下自由自在地長大，大唐開放的民風使她生性爛漫又自由。她最喜扮倜儻少年，紫袍玉帶，加之生得「方額廣頤」[2]，像極了武后，頗有幾分「騎馬倚斜橋，滿樓紅袖招」的風流。

　　男裝公主勾唇一笑：「就問姑娘妳，跟不跟本宮走？」

　　迷妹們：「走走走！」

　　在迷妹們的瘋狂打 call 聲中，前臺記者 A —— 也就是我，過五關斬六將地擠到公主面前，懷著無比激動的心情問道：「作為引領唐風時尚的新一代教主，妳對坊間說妳『男裝大佬』的說法，有何看法？」

　　太平公主：「嗯？誰說的？我記一下。」

　　記者 A：「咳咳……我們繞過這個問題哈，您覺得自己的成長受誰的影響最大？」

　　太平公主：「當然是我的母后了！母后從小就教導我，女兒家當自強，錯的不是特立獨行的我，而是這個男尊女卑的世道。」

　　記者 A：「好的。還有一個問題，公主著男裝的初衷是什麼呢？」

　　剛問出這個問題，我就被狂熱的迷妹們擠到了後排……我聽不清公主回答了什麼，只看清她隔人海淡淡瞥了我一眼，那輕描淡寫的口型分明是兩個字 ——

①《新唐書·列傳第八》：太平公主，則天皇后所生，後愛之傾諸女。榮國夫人死，後丐主為道士，以幸冥福。儀鳳中，吐蕃請主下嫁，後不欲棄之夷，乃真築宮，如方士蘦戒，以拒和親事。
②《新唐書》：主方額廣頤，多陰謀。

自由。

　　自由，這是古今多少女子上下求索的終極目標。作為盛世，大唐的文化經濟與軍事實力已發展到鼎盛，隨之而來的便是人性的覺醒。越來越多的女子勇於走出束縛，追求自由。

　　公主力求自由，也包括她的愛情。

　　看過《大明宮詞》的讀者可能會知道，公主的第一個駙馬叫薛紹。電視劇裡年少爛漫的公主，在上元夜匆匆掀開薛紹的面具，看見那「剛毅的面頰上徐徐綻放的柔和笑容」，隨即心動。不過，公主不知道薛紹已有家室。聽聞女兒無可救藥愛上薛紹，武則天做了個殘忍的決定：瞞著女兒下令處死了薛紹的家眷，強令薛紹成為駙馬，導致後來薛紹在痛苦中結束生命。

　　劇中的情節真真假假，畢竟經過了藝術加工。作為時空記者，我要澄清的是，薛紹沒有家室，他是李治的嫡親外甥。雖不知公主是如何心悅於薛紹的，但他們是彼此的初戀。太平公主堅定不移地要嫁給他。

　　有一次她穿著武官的衣裳在爹娘面前跳舞，惹得雙親大笑：「妳啊，妳又當不了武官，怎麼打扮成這樣？」

　　太平公主大大方方地回答：「我穿不了，可以賜給我未來的駙馬穿啊！」①

　　在西元681年，十六歲的太平公主如願嫁給了薛紹。我在這段時空最後所見，便是那場豪華的大婚 —— 照明的火燒焦了沿途的草木；婚車過於寬大，下人不得不提前拆除了過道的牆。

　　公主亮晶晶的眼中，藏著她十六年來全部的少女心事，如今得以實現，她的心思如徐徐展開羽翼的鳳凰，要飛往天際。

　　讓我們衷心祝福太平公主。

　　以上是我的全部見聞。

---

① 《新唐書·列傳第八》：久之，主衣紫袍玉帶，折上巾，具紛礪，歌舞帝前。帝及后大笑曰：「兒不為武官，何遽爾？」主曰：「以賜駙馬可乎？」帝識其意，擇薛紹尚之。假萬年縣為婚館，門隘不能容翟車，有司毀垣以入，自興安門設燎相屬，道樾為枯。

B 記者

記者 B：「如果對十六歲的自己說一句話，您要說什麼？」

太平公主：「我想說，天家的自由從來不在自己手中，我天真的十六歲年華已經過去了。薛紹死後我才驚醒 —— 自由只能由我自己去爭取。」

感謝記者 A 的獨家採訪，麻煩主持人把鏡頭切一下。如看客所見，我所在的時空是西元 688 年，也就是記者 A 斷線的七年後，接下來我要講的史實，還請諸位做個心理準備。

一切故事的轉折，必定悄悄埋著伏筆，數年的幸福蒙住了公主天真的雙眼，讓她從未發掘過母親陰沉的心思。對於平民百姓，薛紹的出身足夠高貴，對於武則天來講，薛紹的嫂嫂蕭、成二氏卻不夠高貴，武則天一度想逼迫薛紹放棄這段婚姻。後來經勸說，她才甘休。

簡而言之，這是一段並不登對的婚姻。兩個年輕人在舉案齊眉中度過幸福的區區幾年，生下二男二女後，浩劫就這麼猝不及防而來。

這一年，薛紹的兄長薛顗參與謀反事件。敗落後，這件事牽連無辜的薛紹入獄。駙馬爺被武則天一聲命令丟入大牢，杖責一百，最後竟淒慘地死在了獄中。太平公主苦苦哀求，也未能打動母親堅決拆散他們的心 —— 縱使當時他們的第四個兒子才剛剛滿月而已。

武則天固然是心疼女兒的，也正因為心疼，女兒的一切她都要牢牢把持在手中。為了安慰悲痛的女兒，她破例將太平公主的封戶增加到足足一千二百戶。

可她是太平公主，長養於宮中，最不缺的便是錦衣玉食。這些能撫慰公主絕望的心嗎？不能。她在世上最親愛的兩個人彼此為敵 —— 她的母親竟賜死了她的郎君。

她要如何去深愛她的母親？

她要如何去祭奠她的薛紹？

更讓她絕望的是，不久之後，武則天就打算將她許配給自己看中的女婿武承嗣，後來因對方生病作罷。太平公主剛剛鬆了口氣，想跑去愛人的墓前拜一拜，母親又降下第二道聖旨，讓她嫁給武攸暨。

「放心吧，女兒，母后都為妳打理好了。這是為妳好啊。」

武則天此舉誠然是為了女兒，因為就在西元690年 —— 二人成婚後兩個月，武則天便正式登基。已經成為武家兒媳的太平公主得以從政變的血雨腥風中脫身。記者A提起過《大明宮詞》裡薛紹已有家眷，其實歷史上有家眷的那位駙馬並非薛紹，而是武攸暨。

為了讓女兒嫁給武攸暨，武則天賜死了武攸暨的妻子。[1]

新婚當日，表情麻木的太平公主緩緩掀開蓋頭，對面是同樣表情麻木的武攸暨。

十六歲自由如風的年華，在公主面前緩緩破碎。從此這個鮮活斑斕的盛唐，在她眼中只剩下灰白的權術。原來她曾歡笑著跑過的宮殿，處處都藏著殺機。

天家的自由從來不在自己手中。

我採訪太平公主時，她眼中已沒有記者A所報導時的自由光彩。她不再憧憬愛情，堅定地對我說：「只有像母后那樣站在權力的頂端，我才能隨意掌控自己的命運。」

記者B：「那……您要如何走向權力的巔峰？」

太平公主：「帝位。」

如果說太平公主引領了唐風時尚潮流，那麼武則天便是引領了女子奪權的新潮流，太平公主是堅定不移的追隨者。

經歷過第二次婚姻的太平公主開始步步靠近母親的老路。她從未將武攸暨放在眼裡，而是開始肆無忌憚地養起了男寵，其中最出名的莫過於張昌宗。

武攸暨本就生性謹慎，加之髮妻被賜死，他與太平公主只不過是逢場作戲。

太平再也不是在母親膝下玩鬧的太平了。

---

[1]《新唐書·列傳第八》：紹死，更嫁武承嗣，會承嗣小疾，罷昏。後殺武攸暨妻，以配主。

以此為分界線，母親武后賜予她的政治天賦開始緩緩顯現。通過為母后進獻男寵，實則安插眼線、除掉酷吏來俊臣，太平公主緩緩步入了政治舞臺。通過兩次血腥的政鬥，她終於與最後的大敵 —— 李隆基正面對峙。

第一次政鬥，是武則天晚年，本是男寵出身的張家兄弟越發無法無天，同時得罪了李武二家。作為李黨的太平公主便趁機與宰相張柬之合謀，發動兵變，剷除了張家兄弟，並逼迫武后遜位給太子李顯。

李顯是什麼人？

他是太平公主的三哥，同為母后武則天所生。李顯掌權期間十分信任太平，善於謀略的太平也並未大張旗鼓地爭鬥，而是養精蓄銳，等待下一場天家紛亂的來臨。果然，皇后韋氏先一步下手，與女兒安樂公主一同毒殺了丈夫李顯，企圖架空新帝李旦。

而最大的阻礙，莫過於太平公主與她的四哥李旦，與李旦之子李隆基了。

山雨欲來風滿樓。

記者B：「這真是……親人相殘的悲劇啊，這就是天家嗎？」

太平公主：「我早就見慣親人自相殘殺。放心，這權力還在我手上，我不會讓這江山姓韋。」

記者B：「倘若是十六歲的您……怕是萬萬也想不到今天吧。」

太平公主：「人總是會變的，往事莫提。」

我是記者B，本次採訪即將結束時，我與太平公主一同靜靜地立在小樓之巔，看著這場欲來的風雨。冷風吹拂她的袖袍，她沉默良久，朝我冷靜笑了笑，捏著一枚黑棋轉身：「回去吧，接下來發生的事，不是你們這些外來人能參與的。」

回憶這段採訪，她說，她早已記不起她的十六歲年華了，她不記得那年的自己，喜扮公子，騎馬招搖，引得無數少女爭相效仿。

她終究是要走母親的老路，成為一個大女主。

而對於母親的記憶，也只有那年母女爭吵時，母親冷冷的那句「我是為妳好」。

時隔經年，她自然……也早記不起薛紹的臉了。

她轉過身去，一步步離開我的視線，我看見髮簪搖曳，明豔如初。

那分明是薛紹相贈的信物。

在我即將離開這段時空之際，遠方又隱隱傳來了殺聲。那是西元710年的七月，為了誅殺韋皇后的勢力，太平公主與李隆基共同發動了「唐隆政變」[①]，再扶持生性溫和的李旦上位。從此李隆基和太平公主成為龍椅下兩股最大的勢力。

正如太平公主所言，接下來，便是不死不休的姑侄相爭。

記者C：「這一路走來，您最後悔的事有哪些？」

太平公主：「後悔？ 過去的事我早就忘了，眼下我只後悔自己居然忽略了李隆基！ 若早些察覺這小子的野心，我也不至於如此辛苦！」

我是記者C，我身處皇室動盪的西元710年。初步打聽當下局勢以後，我發現太平公主已經權傾朝野，朝中七位宰相，五位都是太平公主的門生，可其實實力宏大。而我們耳熟能詳的太子李隆基⋯⋯此時不過二十出頭，滿臉都寫著「小鮮肉」。

太平公主起初並未把這小子放在眼裡，奈何這小子的鋒芒越發強盛了。當時宰相們每每遞出奏摺，李旦都要先問：「嘗與太平議否？」得到肯定回答後，又問：「與三郎議否？」

三郎指的就是他兒子李隆基，由此可見朝堂當時局勢如何。而李旦生性溫和，不願看到妹妹與兒子相爭，企圖尋求平衡，奈何每每都控制不住場面。

（以下非正常情況下拍攝）

① 《新唐書》：玄宗將誅韋氏，主與秘計，遣子崇簡從。

我們採訪一下李旦：「陛下，你此時是啥心情？」

李旦：「心累……你瞅瞅，朕一刻不看著他倆就打起來了。哎，別打了別打了！要打出去打……」

李隆基：「爹，你瞅瞅我姑姑！她過分了！」

李旦：「哎呀，她好歹是你姑……」

太平公主：「太子他行為不端，本就不是嫡長子，他就不該當這個太子！①他昨天晚上還跟太子妃偷偷講陛下你頭髮稀疏呢！」

李旦：「哎呀，他好歹是你侄兒。等等……那你是咋知道他說這些的？」

太平公主：「我當然知道！我早派人把他監視得死死的……啊，這段掐掉，別播啊！」②

李隆基：「……」

李旦：「……」

太平公主的野心程度、李旦的心累程度、李隆基的警惕程度，都可見一斑。這幾方力量的矛盾積累到了西元712年，眼看李隆基權勢越發強盛，太平公主終於按捺不住，請了個懂天文的人朝李旦進言：「彗所以除舊佈新，又帝座及心前星皆有變，皇太子當為天子！」

這句話什麼意思呢？簡而言之就是，陛下你清醒清醒，彗星都出現了，這證明除舊佈新，皇太子李隆基要奪走你的帝位啊！

記者C個人觀點，這不是個好主意，因為在無數次勸架的過程中，我們看到李旦明顯頭髮稀疏……啊不，李旦明顯心很累，隱隱有了讓位的意思。

果然，李旦順水推舟：「行啊，把我這帝位傳給有德行之人，避免災禍。好

① 《資治通鑑》：太平公主以太子年少，意頗易之；既而憚其英武，欲更擇暗弱者立之以久其權，數為流言，云「太子非長，不當立」。
② 《資治通鑑》：公主每覘伺太子所為，纖介必聞於上，太子左右，亦往往為公主耳目，太子深不自安。
③ 《資治通鑑》：上曰：「傳德避災，吾志決矣。」

了，就這麼定了，誰也別勸我。」③

太平公主驚呆了。

李旦說到做到。同年八月，他就傳位給太子李隆基，自己落得清閒，當太上皇去了，無論太平公主和她的人手怎麼勸，都沒打動這位老幹部想要退休的心。

記者Ｃ：「既然大勢已去，您打算……」

太平公主：「呵，大勢已去？世上梟雄英雄千萬，時勢造英雄，英雄造時勢，今我偏要造勢，談何大勢已去！我要我的命在自己手裡！」

史書記載中，西元713年爆發了「先天政變」，太平公主準備起兵發動叛亂。同樣精明的李隆基卻先一步抽出了刀，誘殺太平公主的羽林軍，又以迅雷不及掩耳之勢廢除餘黨。太平公主匆匆逃入南山佛寺，事發三日後才出來，被李隆基下詔賜死於府中。①

傳說太上皇李旦於心不忍，曾出面請求兒子免其死罪，被李隆基毫不猶豫地拒絕。

他深知什麼是斬草除根。有了武后的前車之鑑，群臣也深知：在武則天之後，切不可再出現第二個那樣的女子。武則天輝煌的一生，讓太平公主等「女流」看見了另一條不平凡的路，卻無形中也激起了男子政權的警惕。

她想成為第二個武后，何其困難。

我是記者Ｃ，在太平公主此生最後的光景中，我曾問過：「公主，倘若能重來，妳後悔過這輩子嗎？」

彼時她臉色慘白，已無力再說話，緩緩抬起頭望向我時，眼神慘澹卻不淒涼。她微微勾起唇角，朝我一笑。

接著，她又緩慢地搖了搖頭。我再看去，見她眼裡不再有光。

她死了。

太平公主的一生也在我的鏡頭下落幕了，這一年，為了表達自己創立一番偉業的決心，李隆基將年號改為「開元」。

開元盛世漸漸開始了，新帝終於踏過萬骨枯，緩緩坐在龍椅之上。我們所採

① 《資治通鑑》：太平公主逃入山寺，三日乃出，賜死於家。公主諸子及黨羽死者數十人。

訪的太平公主，亦是累累枯骨中的一員。古往今來，天家反復莫過於此，等待李隆基的又會是數年後新的暴風雨 —— 安史之亂。

結束這段採訪後，我沉默了許久，又忽然驚醒。

太平公主……她自然姓李了。

可是，她叫什麼名字呢？繼武則天之後第二位如此野心勃勃的女子，她在史書背後的名字，竟也沒有筆墨肯記載嗎？

哪怕她曾萬千寵愛於一身，哪怕她曾引領過整個大唐的風尚，哪怕她曾是個野心勃勃的政治家，也只不過淪為輕描淡寫的「李氏」。

中國千年，從天家到百姓，曾有多少個無名的李氏？

我看見一陣自由的風，匆匆吹過盛世；我聽見風裡女子們銀鈴般的肆意大笑，撼動了後世千年腐朽的禮教；我見那風來，我見風又過，那一抹胡服縱馬的颯沓倩影，匆匆跑過長安城的街坊，盛世的大門在她身後徐徐緊閉。

她一騎絕塵，揚起風沙迷了後世文人的眼，他們揉掉眼中的砂礫，皺了皺眉，輕描淡寫評判道：「近服妖也。」

盛唐過去了，自由也離去了。

擱筆之際，我又想起了千年後我的時代，那裡同樣是一場盛世繁華。不同的是，我要歸往的時代，大多數人的命運都掌握在自己手中，舊日帝王家已不再，一切從頭越，還看今朝。

公主，倘若真有來世，願妳生在我的盛世吧。

揭秘大唐最新
妝容服飾流行趨勢

文/夜觀天花板

　　大唐二百餘年，時尚風雲變幻。初唐的纖細挺拔，明快清新，是「應照離人妝鏡臺」；盛唐的豐肌膩體，繁榮多彩，是「雲想衣裳花想容」；晚唐的奢靡華貴，風雨飄搖，是「照花前後鏡，花面相交映」。一個個時尚icon不斷崛起，就讓我們跟隨大唐帶貨偶像的步伐，瞭解最新流行趨勢，「時世妝，時世妝，出自城中傳四方」……

JIE MI DA TANG

虢國夫人，大唐第一帶貨主播

NO.1

GUO GUO FU REN
DA TANG DIYI DAI HUO ZHU BO

大唐盛行粉絲文化，老百姓都愛追星。有個叫魏萬的粉絲，追李白行程追了半年，李白去哪兒他去哪兒，一共跟了三千里，終於見到李白，獻上了花。

粉絲文化盛行，自然帶動了粉絲經濟。唐代的紋身刺青，還未帶侮辱或街頭性質，一般是喜歡誰，就紋誰的書法或詩歌在身上。當時文青圈頭部帶貨的是白居易，他有個死忠粉叫葛青，頸部以下全都紋上白居易的詩，還帶插畫，紋一贈一。

還有張籍，就是寫「還君明珠雙淚垂，恨不相逢未嫁時」的那個張籍，他是杜甫的腦殘粉。「腦殘」這二字可不是亂栽贓他，張籍每天在家都燒杜甫的詩集，把灰末混著膏蜜，

《虢國夫人遊春圖》中的唐女

沖水配飯頓頓喝，將詩集和膏蜜的銷量雙雙拉高。

那麼大唐哪位明星帶貨能力最強？

所有人都會毫不猶豫投虢國夫人一票！

虢國夫人，是楊玉環的三姐，在貴妃得寵後被迎入長安。她跟自己妹妹一樣，也很受玄宗喜愛，皇帝賞給她的脂粉費達到百萬兩白銀。按理說，虢國夫人有如此豐厚的經費，應

該做個美妝博主，把每季新出的大牌彩妝都試用個遍。

但虢國夫人卻偏偏說「不」。唐代女子化妝，流行綠顏色的眉毛，俗稱「翠眉」，虢國夫人可能是現代審美，覺得這樣很怪，就偏不畫翠眉，可謂「卻嫌脂粉汙顏色，淡掃蛾眉朝至尊」。

淡淡的蛾眉是什麼樣子呢？是遠山一道煙。這種畫眉的方式顛覆了時尚，黛墨銷量蹭蹭上升，從此女子開始畫黑眉。

虢國夫人吃什麼？「紫駝之峰出翠釜，水精之盤行素鱗」，瞬間成為網紅美食。

虢國夫人穿什麼？「繡羅衣裳照暮春，蹙金孔雀銀麒麟」，大唐爆款。

虢國夫人住什麼？「棟宇之華盛，舉無與比」，這個房價太高買不起。

虢國夫人甚至還開了一場大唐史

唐 張萱 《虢國夫人遊春圖》

披帛

上觀看率最高的直播，時至今日還有重播記錄 ──《虢國夫人遊春圖》。

在這場直播裡，虢國夫人一面踏青，一面帶貨，大唐史上賣得最好的三樣貨都在畫面裡。

其一是披帛。這是唐朝女子衣櫃裡必不可少的一件長帶款飾品。女子通常把它搭在肩上或手臂上。因為披帛是由紗羅製成的，把它披在身上，如煙縈繞，要多仙有多仙，簡直就是

小仙女。買它、買它！

其二是抹胸長裙。唐朝的時候，全球氣候較為溫暖，連現在的青藏高原都適合耕種。同時也因為氣候偏暖，日常溫度比較接近夏天，所以那時候流行用妝花紗和妝花羅做衣裳，這種「妝花」紗羅是羅經線絞轉的絲織物織造工藝，攤開來看，上面分佈著均勻的孔眼，非常透氣和輕薄，有一種科技面料的既視感。虢國夫人就拿妝花羅定製了抹胸長裙，給姐妹們先穿上帶貨，露出凝脂般的肌膚、修長的脖頸。我跟你說，太舒適太性感了，必須買它！

我的長裙最時尚！

其三是男裝。怎麼一個大唐女愛豆帶動男裝銷量了？是不是賣錯了貨？不，沒錯。虢國夫人就愛女扮男裝，比YSL的吸煙裝要領先一千多年。這次直播，虢國夫和她的小助理

們，各個戴上襆頭，穿上青色或白色的窄袖圓領袍衫，騎在高頭大馬上。尤其是虢國夫人，騎著御賜的「三花馬」，神色泰然走在最前頭，英姿颯爽，愛了愛了。虢國夫人同款男裝一上架就被秒光了。

今天適合男裝出街！

好帥的小姐姐！

敦煌時髦單品深度研究

NO.2

DUN HUANG
SHI MAO DAN PIN SHEN DU YAN JIU

玉璧上的「土豪金」

提起敦煌，大部分人的腦海裡會立即浮現漫天的黃沙，一彎清泉，反彈琵琶的飛天奏著千年的絮語，當然，還少不了莫高窟那一尊尊藝術品般的佛像。

莫高窟真正能夠被締造，除了多虧動手雕鑿的工匠，還要歸功於敦煌供養人。

所謂供養人，是指出資出力，開鑿石窟的人，換句現代話說就是「金主」。這些人一般都是當地權貴，例如張議潮創立的歸義軍高層幾乎都是供養人。這些金主出了力，就可以把畫像畫在石窟的壁畫上。一開始供養人多放自己或親眷的單一畫像，後來漸漸變成全家福，再後來還會放上去世的祖宗，有多少人放多少，一家人就要齊齊整整。得益於這些供養人畫像，我們能夠 get 敦煌的時髦單品，夢迴大唐！

敦煌時髦單品之首就是土豪金。

我大唐最不缺的是什麼？

錢啊！

唐代有句找錢的俗語，說山上有蔥，下有銀；山上有薤（薤頭），下有金。雖然毫無科學依據，但可以反映出大唐的真金白銀是真多。

因為財富豐厚，所以唐代，尤其是晚唐，敦煌供養人一律走雍容華貴風。什麼最時髦？炫富土豪金，誇張

唐　敦煌壁畫《新婦娘子翟氏》（局部）

浮華！她們除了把鍍金的飾物貼在面上，還要簪滿頭簪釵，明晃晃全是金黃色。例如《新婦娘子翟氏》這幅畫，就是紙醉金迷風。我們可以腦補一下，一個頭頂各種金簪金釵重達十幾斤的人，笑著對你說：「抱歉，有錢真的可以為所欲為。」

此外，極繁妝容也盡顯唐風特色。同樣還是有錢的原因，晚唐裝扮，可以用八個字來形容，「釵光鬢影、綺麗紛陳」。記錄都督夫人禮佛現場的《都督夫人太原王氏供養像》是與《虢國夫人遊春圖》、《簪花仕女圖》齊名的大唐名場面，裡面的都督夫人作為美妝大 V，詳細向我們示範了大唐最時髦的妝容。唐朝男人看女

人卸妝，曾發過「歸到院中重洗臉，金花盆裡潑紅泥」的感歎，可見當時的妝容之複雜繁重。

唐代整容式化妝的規範流程是敷鉛粉、抹胭脂、畫黛眉、貼花鈿、點面靨、描斜紅和塗唇脂，一共七個步驟。

其中，敷鉛粉就是在臉上塗厚厚的一層粉底。「抹胭脂」卻與如今的「抹胭脂」大相徑庭，唐女會把胭脂塗滿整張面頰，甚至連眼瞼和耳朵都要塗上。胭脂厚塗叫酒暈妝；薄塗叫桃花妝；不厚不薄、鉛粉融合的妝容，就像天空裡若隱若現的霞光，因此叫做飛霞妝。

花鈿是貼在額頭眉間的飾物，金箔、貝殼、翠羽、魚鱗，甚至昆蟲翅膀都可以用作材料。

最前衛的步驟是「點面靨」。所謂面靨，又稱妝靨，一開始是用朱砂或者胭脂點在雙頰酒窩處，形成兩個裝飾的小圓點。到後來就發展創新，再次走向為所欲為了，直接點滿臉，並且不再局限於小紅點，銅錢、桃杏都能成為面靨。只有你想不到的，沒有唐女不能用來做面靨的。

斜紅是在面頰兩側、眉鬢之間，畫兩道彎曲的痕跡，最早模仿的是即將消逝的晚霞，唐女覺得它明豔不可

方物。

塗唇脂就是塗口紅了，跟現代類似，大唐口脂的色號也是極多，什麼「媚花奴」、「聖檀心」、「天工巧」……時至今日，很多已只剩下名字，我們無法分辨哪個是吃土色，哪個是斬男色，但是有一種叫「烏膏」的口脂，我們可以明確知道「烏膏注唇唇似泥」，非常煙燻龐克了。

花鈿

斜紅

面靨

唐　木身錦衣裙侍女

淡黃的長裙，蓬鬆的頭髮

DAN HUANG
DE CHANG QUN PENG SONG DE TOU

又高又蓬鬆的唐女髮髻

提起唐代服飾，大家的第一反應總是飄逸氣派，絢爛多姿，一眼望去目不暇接。因為有披帛搭肩，大袖衫將腰線提高，胸以下全是腿，雪肩若隱若現，所以大唐女性總是性感多姿、飄飄欲仙，盡情展露美麗。

袖衫長裙，總用薄如蟬翼的紗羅製成，選用濃豔的顏色，像綻放的牡丹，姚黃魏紫，永遠不甘寂寞。其他朝代天子才能用的明黃，在唐朝卻能沾在普通女子的曳地長裙上，「胸雪宜新浴，淡黃衫子裁春縠」、「羅裙窣地縷黃金」、「阿嬌初著淡黃衣」……

淡黃的長裙，還要配上蓬鬆的頭髮。唐女髮髻，多講究高、多和束得不緊，要流露出慵懶之姿。時人段成式的《髻鬟品》和宇文士及的《妝台方》，是當時髮型指導標杆，裡面記載了名目繁多的髮式，發明者全扯上歷代君王，比如秦始皇嬴政創造了神仙髻，魏武帝曹操創造了反綰髻……如此種種不勝枚舉，英雄豪傑全沉淪香閨，甚至連插在髮上的步搖

和騷頭，都要分別算作周文王和漢武帝的發明。

文王、漢武：寡人哪有那閒心？！

段成式在《髻鬟品》中記錄了眾多髮式，可以撿幾個最吸引眼球的來說，比如孔雀開屏髻，聽著名字就知道不得了，夠囂張。這種髮式會將頭髮全都聳立起來，有特製孔雀開屏狀髮飾，梳好頭後會置於髻前。這是當時名媛間流行的髮式，其必備和貴氣程度，相當於今日的鉑金包。再比如雙環望仙髻，聽起來就仙氣十足。這種髮型要求女性把頭髮分成兩股，用黑毛線或者黑帶束縛成環，高聳於頭頂，還原圖其實相當有科技感。而最著名的，可能就是因「頭上倭墮髻，耳著明月璫」聞名的倭墮髻了，這是一款極為慵懶的髮式，是墮馬髻的延續，紮起來以後會低垂斜側向一邊，據說為當時的已婚婦女所喜歡 —— 是不是立刻就不想梳了？其實不然，年輕小姐姐梳起來也是極富少女心的，87 版《紅樓夢》裡的林妹妹就梳過倭墮髻，配上她的罥煙眉和含情目，無比動人。

唐女梳髻，不僅僅只在頭髮上做文章，還會用簪、釵、步搖、勝、鈿、花等飾物裝點，金、銀、玉、翠

額⋯⋯妳最美！

我的髮髻好看嗎？

《貴妃曉妝圖》中貴妃梳髻的場景

羽、玳瑁也都可以用作材料。且有個規矩，簪釵通常要成對出現，步搖可以斜著或橫著單插，有時候還會插上小花梳在髮髻上。很常見的一種金釵頭部是鳳鳥，鳥嘴裡銜著一掛珠串，走起路來，「雲鬢花顏金步搖」，搖著搖著，就搖到大唐盛世的夢裡去……

這是一篇有氣味的時尚資訊

得益於當時的全球化貿易，大唐帝國是一個龐大的香水帝國。

在大唐，人人用香水，就像現代人吃飯睡覺一樣平常。

現代人喜歡把香水噴在耳後、手腕，只微微一點。但唐人會把香氣薰滿全身，怎麼濃烈怎麼來。貴妃娘娘最愛的瑞龍腦，據說十步之外都能聞到香味。中唐時期奸相元載的寵姬薛瑤英，是當時的流量愛豆，大家都說趙飛燕和綠珠都比不過她。這位薛瑤英肌香體輕，身上時時刻刻都在散發香味。人形自走香氛機是怎麼練成的呢？相傳這位薛瑤英的母親，從小就用香料當米飯餵養女兒，經年累月，薛瑤英的每一個細胞都都散發著濃烈芬芳。

● 薰香球

唐朝香分本地香和外來香。沉香就是典型的本地香，波斯商人貿易帶來香料則屬於外來香，如《聖經》中的乳香。此外還有外邦朝貢而來的香料，比如天竺國的鬱金香，吐火羅的瑞凌等。現代香水所區分的前調、中調和後調，均能在唐朝香料譜上找到。

有部著名的電影《女人香》，裡面的男主人公能通過香味辨別女人的年齡和地址，若是把這位男主人公放到

大唐，他可能就犯難了。因為大唐的男人用香水比女人還厲害。

大唐的男人也愛美。他們用芹菜泥做面膜唇膏，還自製洗面乳。晚唐時期有個出名的愛美男人李夢符，他不僅化妝，每次出門時還要在頭上插滿鮮花，因此落下「服妖」的稱號。在大唐，稍微有點條件的郎君出門，身上都會標配一個小球——這就是大唐的薰香球。它與現代陀螺原理相同，一般都是銀製，上下半球可以打開，下半球是焚香金盂，郎君會把自己喜歡的香料裝進去。如果沒有薰香球，他們會把衣服薰過多次才穿，平均準備的出門時間比現代女性還要長。可能他們還會像小姐姐們糾結口紅那樣糾結香料：這次出門選哪一種好呢？

有時候自己做不出選擇，就會找別的郎君參考，這種互相交流漸漸演變成互相競爭，社會上開始風靡起「鬥香」文化，人們喜歡聚在一起比誰的香厲害。這種公開的「鬥」，甚至發展到隱形競爭，暗中較勁。例如有人無論何時都在嘴裡嚼類似口香糖的沉香或者麝香，保持「口吐芬芳」；又例如有人睡覺時讓兩位侍者捧著香爐站在床邊一站一整夜，不香睡不著。最厲害的那些大佬們，唐玄宗、楊國忠、安樂公主甚至張昌宗，直接用香料（沉香木）做房子，讓自己「浸泡」在香氣中。

薰香球

NO.4

純中式拜拜，
胡服+炫彩才是長安時裝周
的正確解鎖方式

《唐代舞妓圖》
中身著胡服的唐女

　　一千多年前的長安，在當時時尚界的地位，相當於現代巴黎、米蘭、紐約和東京加在一起的總合，是名副其實的國際大都會。

　　那時的長安已經匯聚了無數敘利亞人、阿拉伯人、日本人、波斯人、羅馬人，甚至還有來自遙遠非洲大陸的昆侖奴。舉個例子，安史之亂時，唐玄宗手下的大部分都不是漢人，將領李光弼是契丹人，僕固懷恩是鐵勒人，高仙芝是高麗人，哥舒翰是突厥人……

　　大唐，早已是全世界的焦點和中心，所有的人都可以到長安來追逐名利，也追逐時尚。

　　胡人多了，胡人的東西也漸漸開始流行。

　　長安人好胡樂，絲綢之路上的箜篌觱篥夾著邊風而來，風靡一時。有

一個很出名的、留存於世的唐三彩騎駝樂舞俑，塑造的就是漢人和高鼻樑深眼眶的胡人在同一隻駱駝上演奏樂器的形象。

長安人好胡食，五福餅、搭納和音部斗都是當時的網紅美食。我們現在吃的芝麻燒餅，就是當時最受歡迎的胡餅。長安人坐的小馬紮都叫「胡床」。

這樣的長安人，怎能不喜歡胡服？沒入手一櫃子胡服，都不好意思自稱時尚達人。

那時候最流行的男子胡服紋樣，是聯珠豬頭紋和對鳥紋，這些都是西域圖案。現代人穿唐裝，上面有唐草，但其實這種唐草是長安人根據波斯的葡萄紋，加上希臘花草，逐步演變而來的。

而女子胡服，銷量最好的是回鶻裝，這種裝束衣身寬大，用現在的話說就是oversize，翻折領搭配窄袖連衣長裙，腰間束帶一收，綜合了波斯和希臘的著裝風格。「回鶻衣裝回鶻馬，就中偏襯小腰身」，這樣的裝束從河套地區一直風靡到長安，席捲整個大唐。

當時的紡織材料和技巧洋為中用，採用彩色緯線做絲綢提花。我們

胡服騎馬俑　●

現在搭配服飾，常常提到「一身不超過三種顏色」，不然就不好看了。但唐代盛極一時的紮染暈色讓一件衣服同時擁有七八種顏色，且引為潮流。腦補一下滿街都是一身赤橙黃綠青藍紫的洋裝，可還行？

我們知道，古代的顏色是分官階的。唐代按照制度，一至三品的官員才能穿紫袍。但大唐如果苟守規矩走了尋常路，就不是我大唐。大唐的男女都愛紫色，沒有貴賤之分，只要喜歡，誰都能穿——「娼家日暮紫羅裙，清歌一囀口氛氳」。他們還喜歡黃色、紅色和綠色，怎麼耀眼怎麼來，一定要扮作整條街最靚的仔。也許在現代人看來，這麼多顏色混在一起有點「瞎眼」，但從出土和流傳下來的一些畫作看來，當時人這樣穿是一點不違和的，豔麗張狂的色彩反而極具美感。這種相容並包的做法，只有自信且極富實力的國家才能做到。

人們只有吃飽穿暖，並有豐富的物質文化生活，才有精力去追求濃墨重彩，這也印證了唐的大國風範。值得一提的是，長安的審美胡化，形成獨具一格的唐風。而這種唐風又被歸國使節們帶回朝鮮和日本，時至今日，他們的服飾和妝容仍深深地受到影響。

胡服立俑

胡帽

唐　《胡服美人圖》（局部）

薛濤

（約西元768年—西元832年）

職業

詩人，道姑
節度使府文案專員

ID

@庭前一枚女校書

個性簽名

讓我告訴你，
清新又精緻的搭配秘訣！

文／顧閃閃

Xuetao

翠鈿：
風靡全唐！花鈿又出新色號

　　薛：化妝少了花鈿等於沒化妝，這句話應該沒有姐妹不知道吧？花鈿雖然只是額上小小的裝飾，但大唐的仕女宮娥們卻開發出了數十種花樣，有鳥、蟲、花、葉，並不斷創新，用上了金箔、銀屑、珍珠、茶油花餅等不同的原料。更有時尚達人別出心裁，開發出了魚鱗、魚鰓骨、螺鈿殼等材質的新型花鈿，營造出一種閃閃發光的妝感。

　　說到這裡就有粉絲會問，花鈿這種飾品，是不是只有大濃妝才能駕馭？絕非如此，今天我就給大家推薦一款適合素顏畫的「翠鈿」。它的質地非常特別，是由翠鳥的羽毛製成，貼在臉上顯得晶亮別致；但又因為它的色號是青綠色，引人注目的同時還不顯得豔俗。如果你像我一樣是冷白皮，這種翠鈿會讓你的皮膚看起來更加通透細嫩，不過黃皮就不要試了，真的不友好。

冪籬：
西域舶來品，十二時辰防脫妝

　　薛：有粉絲說，長安春季風沙大，出門沒多久，精心化好的妝容就全花了，和朋友見面後特別尷尬，請問該怎麼辦？針對這種煩惱，我強烈推薦「冪籬」給大家。冪籬原本是西域特有的裝束，在北朝時傳入中土。它主要由兩部分組成——竹藤編織的寬簷帽和垂至腳踝的長皂紗。美人們出門時帶上，倩影在紗中若隱若現，是名副其實的防偷窺利器。

　　高宗以後，大唐的女子越來越追求個性和美麗，裹一身黑紗還怎麼展示漂亮的小裙子？所以我更喜愛武周時期大熱的錐帽改良款，這款質地更輕薄，並且設計更簡約，長度只到脖頸處。開元後，民風更加開放，美人們已無需冪籬遮擋，都能自信地走出門去，秀出靚麗妝容，這無疑是時代的進步。但冪籬本身還是很實用的，既能凸顯神秘優雅的氣質，又能持妝防風沙。如果你想和我一樣，營造仙氣的飄逸感，挑選稍長一點的款式也無妨。

插梳：
梳子只用來梳頭？那你一定不懂大唐時尚

　　薛：常有姐妹問我，保持精緻的秘訣是什麼？答案用兩個字就可以概括——插梳。人人都知道補妝的重要性，其實保持髮髻的整潔也同樣重要，在髮髻越梳越高的我唐，梳子就成了靚麗girl的必備之物。「梳」即「梳篦」，由半月形的梳背和細細密密的梳齒共同組成。把梳篦插在髮間，不僅能固定碎髮，還能起到清潔作用，促進血液迴圈，護髮養髮，堪稱禿頭女孩的救星。

　　上次我去長安看秀，一位仕女姐姐告訴我，最近宮中流行一種名叫「百不知」的潮流妝扮，便是將各種琳琅釵環和步搖插滿一頭，搭配錦繡衣裙，立於風中，恍若神妃仙子。據說這種盛妝要在髮間插滿三組梳篦，沉是沉了點，不過這可是「美的重量」，難怪我男神元稹也在詩作《恨妝成》中特別推薦，說他心中女性裝扮NO.1便是「滿頭行小梳，當面施圓靨」。

FASHION BEAUTY

薛濤 *Xue Tao*

讓郎君怦然心動的手作信箋

▷▷ 文/蔣見深

庭前一古桐，聳幹入雲中。枝迎南北鳥，葉送往來風。

這是我八歲那年，父親薛鄖在庭院中對著一棵梧桐發言吟誦時，我隨口續成的一首詩。

自我尚且牙牙學語之時，父親便時常抱著我，為我讀書講學。父親對我這個女兒寄予厚望，他為我取名「濤」──「激逸勢以前驅，乃鼓怒而作濤」。

是的，我姓薛，名濤。

我的父親不僅沒有輕視生為女兒身的我，更希望我能如激流波濤一般一往無前。

而我想，我也的確用一生詮釋了他給予我的名字。

我生於京兆長安縣，父親薛鄖因犯顏直諫遭貶，便帶著我和母親一同宦游入蜀。自此，我們一家便一直寓居蜀川。

在我十四歲那年，父親在出使南詔的路上染病而亡，留下我和母親，從此陷入了生活的窘境。原本也是大家閨秀的母親扛起重擔，日夜操勞，勉強將我養到

了及笄之年。

　　女子十五及笄，母親為我取字「洪度」，依舊像父親當初對我的深切期望。

　　我喜歡翰墨詩書，自認有些才情，因此在蜀中也算小有名氣，甚至成了一些文士之間的閒談之資。

　　我和許多閨中小女不一樣，我的名字就說明了所有。

　　貞元元年，我十六歲，遇見了韋皋。

　　韋皋奉命出鎮西蜀，任劍南西川節度使。接風酒筵上可以少酒少菜，卻少不得樂子。官員們喝了會兒酒，覺著無趣，於是就提出要叫來伶人歌妓來作陪，我就是那作陪中的一員。

　　那一年韋皋四十歲，世上大多的花繁柳綠他都已經見過，還有一個識於微時的妻子 —— 上一任節度使張延賞的女兒。而我年方十六，才過及笄之年，認得些字、看過些書，自以為世上大多的人事道理我都在書中看了個透。即便彼時，我除卻閨房中的半床書墨，幾乎是一無所有。

　　我在酒席上見到了韋皋，四十載的歲月並未在他身上留下太多風霜痕跡，他身上有著文士的儒雅之氣，卻又不似尋常文人那般迂腐。他高傲不羈，像大多詩人筆下寫的五陵少年，意氣風發。

　　韋皋瞧見我，愣了一下，大抵是沒想到來助宴的女伎會像我這般淡掃娥眉、不施脂粉地出現在眾人眼前。

　　「薛濤。」坐在上座的西川節度使揚起下巴看向我，一字一句地念出了我的名字，不知是否也從這個「濤」字裡讀出了什麼非凡的意味。

　　「聽聞妳工於詩賦，不知可是真的？」韋皋問我。

　　我淡淡地接下他的目光，也不謙虛，逕自點了點頭。

　　韋皋挑了一下眉，讓我以眼前情景為題賦詩一首。

　　侍從為我取來筆墨，我坐在案邊，眼睛掃過酒席上那一雙雙看向我的眼睛 —— 滿座文官才子，目光無不滿含玩味。他們或是在等著瞧我這一介女流作詩的笑話，或是在欣賞面前一個美麗的「花瓶」。顯然，在他們眼中，我只是一個取樂的對象。

　　可惜，我不是。他們或許要失望了。

我稍加思索，提起筆，在紙上寫下了一首詩：

亂猿啼處訪高唐，路入煙霞草木香。
山色未能忘宋玉，水聲猶是哭襄王。
朝朝夜夜陽臺下，為雨為雲楚國亡。
惆悵廟前多少柳，春來空鬥畫眉長。

韋皋就坐在我身邊，我一邊寫詩，一邊在餘光裡瞥見他唇角的笑容愈來愈深。我落下最後一筆後，他拿起紙，在一眾賓客面前一字一句地念出了這首詩。

滿座寂然無聲，都在等這位新任節度使生氣地發落我。過了一會兒，我卻在闃寂中聽見韋皋朗聲大笑。

他說這滿座人臣竟然尚且不及一個小女兒家憂國恤民，還誇我一手行書寫得頗妙，筆力峻激剛勁，倒有幾分王羲之的風骨。

當日，我留在了節度使宅中。自此我便入了樂籍，以韋皋帳下營伎的身份出入幕府。

韋皋之於我，比起「主人」或是「情人」，更像是我的父兄一般。他對我處處體貼照料，寵愛頗加，還帶著我參加各種上流宴會。他讓這樣一個原本應當被鎖在閨閣裡的金絲雀遊走在更廣闊的天地，見識更豐富的人事。

很多年以後，當華麗盛大的大唐舞臺傾塌，也仍有士人記著此刻舞臺上猶如初綻鮮花一般的女人。她就像璀璨群星中的月亮一樣，為眾人所追捧。

那是我，長河裡的一朵浪濤。

彼時我在有限的天地裡揮發著自己無限的風華青春與天賦才情，我受著西川節度使的寵愛，也受著蜀川萬千士女的傾慕，有不諳世事的資本，也享受著複雜的人際交遊為我帶來的榮華。

我初入幕府的頭一年，南越向韋皋進獻了一隻孔雀。那隻彩羽孔雀即便是被困在囚籠中，也總是高昂著頭。我看著心生歡喜，便讓韋皋在使宅開出一片清池，作為牠的棲居之地，韋皋也就不假思索地應下了。

於是這隻孔雀便因著絢麗的羽毛為人所愛，就此被鎖在了西川使宅中數十載。

　　四年來，我在韋皋的庇護下衣食無憂，不僅能夠專心於詩賦創作，甚至還得他應允，於幕府中做起了文案工作，成了西川節度使的知名「門面」。

　　十六歲到二十一歲，原本與我一樣的無知少女紛紛嫁為少婦。我卻不必那樣著急，我有足夠的時間、才華和寵愛，像我在詩文中描寫的那些自矜韶華的少年人一樣，縱情揮霍，活得恣肆任性。

　　那一首《謁巫山廟》是我與韋皋相識相知的紅線，人們總說伶人女子惑君禍國，可我偏要在酒筵上，嘲笑那些衣冠楚楚的人臣，嘲笑他們一心做著雲雨巫山神女夢。一向亡國不是紅顏，而是借紅顏之名沉溺一己私欲的君王。

　　韋皋會因這一首詩看重我，我自然而然也就認定了他是愛我那般敢於直言的性子與才氣，於是便更加恃寵而驕，性情越發地張揚。

　　韋皋是劍南西川節度使，有勇有謀，忠義無雙，坊間甚至有傳言說他其實是諸葛武侯的轉世。每每有名士官員來到蜀川，總是要先來拜訪他，或是求他辦事，或是趨名逐利。使宅的大門並不好進，於是他們的目光便轉向了我這個幕府「門面」。

　　不知從何時起，我開始不斷地收到各路人送來的金銀財禮，只為托我捎話向韋皋求見。我享受這種被旁人看重的感覺，於是便來者不拒，旁人送什麼我都敢收下 —— 但我也不為財，事後都會將收到的賄賂上繳府庫。

　　這些俗事我懶得與韋皋說，韋皋似乎也多多少少知道一些，提點過我幾句，但從未責備過我。他睜一隻眼閉一隻眼地縱容了我的虛榮。

　　可縱容是有限度的，就像懵懂天真的少年時光也有盡頭。

　　貞元五年，韋皋一語說我受賄，將我罰去松州思過。也許是因為我終於因這份虛榮惹下了大麻煩，也許是因為那年韋皋因頻繁戰事憂心，失了一向慣著我的耐性，無論如何，這一次韋皋真的動了怒。

　　安史之亂後，松州便為吐蕃所佔據，那是邊陲之地，與人物繁盛的成都相比形同雲泥。罰赴邊陲的路上，我望著滿眼的荒山絕嶺，在父親過世的數年後，第二次嘗到了驚慌恐懼的滋味。

　　於是我提筆寫下兩首詩。

　　「重光萬里應相照，目斷雲霄信不傳。」這一去，遠隔著千里萬里，便是書信

也傳不到他手邊了。

我還說：「但得放兒歸舍去，山水屏風永不看。」我已決意，若是能得他寬宥，便再也不似從前那般張揚虛榮了。

然而這一次韋皋卻沒有像從前一樣，再作詩與我唱和。

我想，波濤是否要沉沒在浪潮中了？

初離成都時，我還是心存僥倖——我素來深受韋皋的寵愛，這許多年的情分令他始終對我的那些過錯視而不見。這一次，難道就沒有迴旋的餘地了嗎？

可當我看到蕭疏的邊陲，在臘月的苦寒裡聽著陌生的軍鼓號角嗚咽著嘷叫，恐懼究竟是吞沒了我心底的僥倖。絕望像是邊地的野草枯枝一樣梗在我的前路上，我痛苦萬分，躊躇鬱結，到底是低下了一向高傲的頭顱。

這一次，我提筆向韋皋獻上了十首詩：《犬離主》、《筆離手》、《馬離廄》、《鸚鵡離籠》、《燕離巢》、《珠離掌》、《魚離池》、《鷹離臂》、《竹離亭》、《鏡離台》。

我將自己比喻成那些離開了了「主人」的事物，姿態卑下地向韋皋吐露自己的思念與悔恨。有的人看著覺得動情，可我覺得我是可悲的——那個從來天真任性的少女，隨著這十首詩就此死在了松州。

不知韋皋是哪一者，總之，在他看見這《十離詩》後，終究寬恕了我，下令將我召回。

漫長的路上有漫長的月亮，我抬首仰望，眼中是漫長的空白。此時回到蜀中的我，還是從前那個我嗎？

我沒有再回幕府，而是就這麼順勢脫了樂籍，離開了韋皋。

一場懲罰思過之行，令我從韋皋為我造了四年的美夢裡醒了過來。我忽然明白了，韋皋雖然寵我愛我，但說到底，這段感情的掌控權是在他手中的。我就像是宅池邊的那隻孔雀一樣，人們愛惜牠美麗的羽毛，讚頌牠高昂的頭顱，但假使有朝一日牠逾矩了，人們也隨時可以折斷牠的羽翼，棄之如敝屣。

而這些年我得到那樣多的追捧與愛慕，其中雖也少不了才華與容貌之故，但更多的，其實都是來自於韋皋的寵愛。

仰人鼻息，寄人籬下，我所獲得一切，其實都不屬於我。

我想要離開幕府，韋皋也沒有再挽留我，他慷慨地替我脫了樂籍，還了我一

個自由身。

　　按大唐法典《唐律疏議》裡說，「奴婢賤人，律比畜產」。似我這般女子入了樂籍，成了賤民，原本就是與牲畜財物同等的「物品」，想要脫身應當是極難的，可韋皋就這樣輕易放過了我。

　　或許他對我也有一絲的愧疚嗎？畢竟他一怒之下就捨了多年情意，不留情面地將我發配邊陲。

　　又或者他只是厭倦了我，不想讓我再留在他身邊繼續惹是生非。

　　沒有人清楚韋皋的心思，我也沒有問。

　　脫了樂籍之後，我退出了蜀川的名媛圈子，搬到了浣花溪隱居。好在離開了幕府之後，也依舊有故人因著我的才名與我交遊往來，生活倒也不至於寂寞無聊。

　　二十年間，我在浣花溪過著種花寫詩的平淡日子，與那些幕府舊人往來唱和，聲譽反倒益發隆盛；而另一邊，韋皋屢建軍功、震服蠻詔，十路伐蕃、晉爵郡王 —— 與我仿佛兩條存在於一張紙上卻無法相交的平行線。

　　韋皋的官爵一路晉升，帳下卻沒再出現過什麼像樣的美人。只是在我離開幕府十多年後，在他的某次壽宴上，東川為他獻上了一名叫做「玉簫」的歌姬。這位歌姬與他少年時候戀人的名字與模樣都如出一轍，他便將之納作了妾室。

　　貞元二十一年秋，韋皋急病暴卒。新皇為之輟朝五日，追贈太師，諡號「忠武」—— 真與諸葛孔明的諡號一般。

　　「危身奉上曰忠，險不辭難、克定禍亂曰武」，忠武，算是對他生前所作所為的最高讚譽。他便以這樣的方式，在史書上留下了一筆濃墨。

　　當然，那濃墨只書他的忠義肝膽，卻不會寫他不知深淺幾何的肺腑柔情。

　　我從未問過韋皋一句他是否真心愛我，他便帶著這個問題的答案走了。

　　我生在官宦家庭，長在書墨香裡，父親離世後的兩年裡，因為有母親的庇護也沒有嘗到過什麼苦楚。再後來我又遇上了韋皋，受著他的寵愛，無憂無慮又恣肆張揚地度過了一段少年時光。

　　唯一一點點苦，滋味還沒嘗明白，就被他收走了。

　　其實我很清楚，真正的營伎生活不會似我過得那樣輕鬆，那些女子是真正地被視作「畜產」的所屬物，生死也往往只在一念之間。

可我闖了禍，韋皋一氣之下也只是罰我去邊陲思過罷了。

但說不定一切結束在那時才是最好的，畢竟我自己也無法確定，倘若我依舊只是倚靠韋皋而活，又會獲得一個怎樣的結局？

也許遺憾會令愛情更美，就像真正的畫師不會以填滿畫紙為創作目標，恰當的留白才能彰顯情感的張力。

自韋皋去世，我又仿佛離了籠的鳥雀一般，重新在蜀川的政治舞臺上遊走了起來。

元和二年，武元衡入蜀任節度使，那是傳言中的大唐第一美男子，也是文采出眾的詩人，還是武后的曾侄孫。我慕其文采嘉名，為之獻詩，武元衡也對我頗加禮遇。

也不知是不是武氏的家風如此，武元衡甚至為我上書請了校書郎之職，儘管最後被駁回，但也令我得了一個「女校書」的稱號。武元衡的好友王建還曾為我賦詩一首，言道「萬里橋邊女校書，琵琶花裡閉門居」。

離了韋皋，我的生活原來也能疏朗恣肆。

元和四年三月，幕府舊人嚴綬遣人傳信，要我去一趟梓州。我匆匆趕去，而後遇見了時任東川監察禦史的元稹。我早在那些文人好友口中知曉他的名號，但這是我初次見到他本人。

彼時元稹不過三十而立，而我則已經四十有餘。

我受命侍奉元稹，起初我只將他當作是尋常文人看待，但元稹卻是待我頗為關切。他喜歡用詩文來傳達心意，我也與他多有詩文唱和，久而久之，比元稹多見識了十年人事變遷的我，也漸漸在他的文字中感受到了他的才華與溫柔。

元稹與韋皋是不同的 —— 韋皋是忠武名臣，桀驁不馴，而元稹是一個徹頭徹尾的文人，他有著一顆多情而柔軟的心，慢慢捂化了冰封在我心上的那座囚牢。

七月，元稹移務洛陽，我又回到了浣花溪故居。孤枕寒衾，我開始不可抑制地思念他。四個月的短暫相處，不可否認，我再次動心了。

我知道這是一場沒有結果的愛戀，但那又如何，我原本也不是追求結果的人。

翌年二月，元稹被貶江陵府參軍，我望著去年門前新栽的菖蒲花，心中不禁慨歎萬分。當即寫下了兩首詩寄予元稹：「擾弱新蒲葉又齊，春深花發塞前溪。」

那菖蒲是不懼疾風的勁草，我希望元稹也能如此。

我從來不想藏著自己的心思，後來我給元稹寄詩，用的總是浣花溪的紅箋——一張赤箋，一片癡心。

只是那紅箋實在太大，用來寄詩委實不便，於是我就讓工匠替我將紙張裁成了小幅信箋，以便使用。後來我也習慣了用那些深紅小箋寄詩遣懷，旁人見了那鮮灼可愛的小箋也十分喜愛，遂將其取名為「薛濤箋」。

那幾年裡，我寄給元稹的詩不知幾何，元稹也偶有回信，只是不多。

再後來，元稹的妻子韋氏去世，他又續娶了出身士族的裴淑。

若說我從未想過向他討要一個身份，那未免太過虛偽。畢竟在韋氏去世、元稹貶謫江陵時，我寫給他的那兩首詩裡也曾與他以夫妻自況。

但我一直都很明白，這段感情不會善終。

門不當戶不對，我又大了元稹十一歲……而我也早該知道，元稹多情而不專情——他會為了高門韋氏放棄崔鶯鶯，又怎麼可能為了入過樂籍的我，罔顧世俗目光？

何況我也不願再仰人鼻息，將自己的感情與人生交給旁人來抉擇。

我寄詩箋給元稹，想來也不過是情不自禁，想要將內心的感情告訴他罷了，而不是想要取悅於他。

這份情感是屬於我自己的，愛與不愛，皆只在我一人而已。

時間與距離最後終於還是沖淡了感情，失去元稹消息的數年後，我離開了浣花溪。我在碧雞坊築起了一座吟詩樓，褪去綺羅翠飾，入道出家。

太和五年秋，劍南西川節度使宅院裡那隻總是高昂著腦袋的孔雀死了。

文人們紛紛為牠傷懷賦詩，他們說那隻羈留一生的孔雀「憔悴不飛去」，是因為「重君池上心」，說牠「多時人養不解飛，海山風黑何處歸」。

我卻沒有讓那隻孔雀飛入我的詩箋之中。

吟詩樓上，我望著滿目斜陽在天地間鋪開一片赤紅，那是我最愛的顏色，如同肺腑間滾燙的鮮血一般熾灼熱烈。我坐在案前提起筆，沉吟良久，最後只在裁好的白色紙箋上寫下了一句我幼年時隨口應和父親的詩句。

紙箋染上餘暉，我在一片深紅中落下筆墨，上面用剛勁的行書寫著：「枝迎南

北鳥，葉送往來風。」

　　這幼年時有口無心的一句詩，幾乎寫盡了我的一生。

　　世人說我一語成讖，「迎來送往」是女伎逢迎之姿態。可那獨立紅塵中，靜觀往來離合的樹，哪裡知道什麼逢迎媚態？

　　展翅高飛的鳥，或是無心飄拂的風，都只是它生命中的一個過客，它不過是一棵經風披霜也不曾改的樹罷了。

　　而父親給予我的名字，終究也成真了，我和這世上大多數的女子都不一樣，她們是水，而我則是波濤。

　　我沒有像父親期盼的那樣急流怒號，但我想，我已足夠了。

　　太和六年夏，薛濤離開了人世。

　　她就像是湮沒於時間大潮裡的一朵細浪，即便沒在那無垠的沙灘上留下多麼深刻的痕跡，卻也曾一往無前地逐風而舞，張揚恣意地活過。

　　薛濤箋，又名「浣花箋」，乃薛濤退隱成都西郊浣花溪後，命工匠特為她裁製的小幅詩箋。

　　浣花溪多造紙坊，而當時工坊所售紙張紙幅頗大，不便用以題詩寄信，薛濤便著意造紙工匠裁剪紙張為小箋。又因她性喜紅色，遂采蜀中紅箋創深紅小箋。

　　薛濤箋因色彩鮮麗，小巧便攜，又受了她本人的才名影響，頗為時人所愛，及至後世乾隆時仍有仿製者。

安樂公主

（約西元685年—西元710年）

職業
公主，高奢品代言人，
大唐第一美妝主播

ID
@韋后指定皇太女

個性簽名
越高貴越美麗，
我讓奢靡變浪漫

文／半姜

AnLeGongZhu

單刀半翻髻：
高貴又婉轉，尊貴身份的絕佳象徵

　　安樂：本公主是當朝最尊貴的公主，自然要梳最尊貴的髮型。什麼？ 你問如何才算最尊貴？那當然是高 —— 高得無人能比，高得人人都來仰視。

　　本公主最愛的便是單刀半翻髻。這是一款異常華貴的高髻，需要在高高的髮髻頂端做出微微向下的形狀，整體造型就像一把大刀，兼具高貴與婉轉的雙重特質，自然很適合本公主的身份。

　　有的姐妹擔心髮量不夠，沒法做出高聳入雲的造型。別怕，有了義髻，禿頭女孩們也能隨時玩轉各種髮型。傳統的義髻要麼是木質的，要麼是紙質的。如果預算充足，我推薦購入一款由鐵絲和頭髮編織而成的義髻。把這樣的義髻固定在頭頂，再在上面插上本公主最愛的珠寶玉釵，足以以假亂真，美麗無懈可擊！

酒暈妝:
恰似一抹動人的煙霞

　　安樂:有了富麗的髮型,自然也要有富麗的面妝。有的粉絲問我,化妝時沒控制好手上的力道,粉抹多了,結果面容慘白,這還有救嗎?不用擔心,追求面白沒有錯,一白遮百醜,白是我大唐靚女們永恆的追求。如果擔心面色過白,可以取較多量的胭脂在手心調勻,然後大面積地搓在兩頰,瞬間提升膚色通透感,打造好氣色,厚重的底妝也能重新煥發動人生機。

　　「一抹濃紅繞臉斜,妝成不語獨攀花。」被細細搓開的胭脂遠看像一抹落日煙霞,近看又似兩片醉酒紅暈,浪漫又慵懶,怎能讓人不心動?

百鳥裙：
告別皮草！貴族潮女更愛高定羽衣

　　安樂：近日聽粉絲説，在街上看到了號稱「安樂公主同款」的百鳥裙？本公主在此嚴正聲明，全球限量兩件的百鳥裙全在我的衣櫃裡。街上出現的同款都是山寨貨，大家可不要被騙了啊。

　　分辨正品和山寨貨的方法也很簡單。山寨貨手感廉價，原料都是人造羽毛和工業亮片。我的百鳥裙，可是父皇指派官兵去嶺南捕殺成百上千隻鳥，而後取用真實的鳥羽編織成的。什麼？你説這裙子不環保？被本公主穿在身上，可是那些鳥的榮幸！

　　另一個識別正品的辦法更直觀。我的百鳥裙，不管是從正面看還是側面看，不管是在太陽下看還是在陰影裡看，都能顯示出不同的顏色，整條裙子如同百鳥出林、競相爭豔。本公主穿上它，就是名副其實的「百鳥之王」！

安樂公主
AnLeGongZhu

石榴裙已out，
今夏百鳥裙正當道！

▷▷　文/ 南方赤火

「大家好！這就是我上次直播時提到的裙子，家裡的裁縫剛剛做好，來給大家先睹為快！怎麼樣，漂亮不漂亮？」

直播鏡頭裡的主播塗著時尚的紅妝，光彩照人，豔如桃李。但是和她身上穿的裙子一比，再明豔的美女都顯得黯然失色。

直播間裡，觀眾們發出整齊的一聲「哇 ── 」

只見螢幕裡的及地長裙，色澤鮮豔而不媚俗，質感挺拔而不僵硬，竟是由無數流光溢彩的羽毛織成。隨著主播轉動身體，裙子在光線下顯出多彩的色澤，其間還閃著亮亮的金色，美不勝收。

主播欣賞夠了觀眾們的豔羨，這才慢吞吞地來到麥克風前，告訴大家：「這裙

子沒賣的，全大唐獨一份。是我求著父皇，拔光了御苑裡所有鳥兒的尾巴毛，讓少府的工匠忙了三個月才製成的。今天不帶貨，就想顯擺一下。」

螢幕那頭的觀眾們嘖嘖稱讚，「白富美」、「天之嬌女」、「仙女姐姐」的彈幕刷滿屏。

但也有少數不和諧的聲音：「主播和皇上濫用職權，窮奢極侈，實在有礙皇室人員的名聲，應當反省。」

主播對此嗤之以鼻，驕縱地衝到攝影機前，冷笑道：「我安樂公主想做的事還沒有做不到的，也不容爾等屁民置喙！ 全天下都是我李家的，你們問我之前，先問問自己今年的稅交齊了沒！」

刺耳的評論被萬眾聲討。美女雖然有脾氣，畢竟是金枝玉葉，天然佔據輿論優勢。

評論區的聲音終於和諧。安樂公主捧著那件價值千金的百鳥裙，露出了滿意的笑容。

第二天，#今夏百鳥裙當道#的熱搜刷遍長安，百官百姓爭相仿製，漫山遍野搜尋奇珍異獸，造成了嚴重的生態災難。

雖然古代沒有網路，但大唐人民對於潮流的追捧不亞於現代網民。唐朝民風開放，女性地位高，在社會上露面的機會也多。那些宮廷裡的傳奇美女、才女、乃至女官和女皇，紛紛成為了萬眾矚目的時尚弄潮兒。而潮流傳播的速度，也讓今人歎為觀止。

女皇武則天已經去世，當今聖上是她的兒子李顯。安樂公主就是備受李顯寵愛的小女兒，據說她的生活極其奢靡鋪張，身上的衣服一年不重樣，梳妝檯上一盒胭脂就是中產百姓之家半年的收入。她理所當然地成為了網紅界的代表人物。

如果那時候有網路，那麼本文開頭的那一次直播，就是安樂公主典型的一天。

但很多人不知道，安樂公主並非生來就是無憂無慮的嬌嬌女。她的童年甚至充滿了黑暗和辛酸。

安樂公主的父親李顯，是武則天的兒子。

女皇的兒子不好當。李顯從小就生活在母親的控制當中。娶誰為妻、封到何地、改換何名，乃至是被封為太子還是被廢為庶人……這些都要看武則天的意思。

最後唐高宗去世，李顯折騰來折騰去終於繼位，成為唐中宗。

李顯雖然當了皇帝，朝政大權依然被武則天把持在手裡。後來李顯由於試圖染指更多的權力，被武則天給廢了。

原先當太子時雖然提心吊膽，至少錦衣玉食；現在成了廢帝，李顯的地位一落千丈，惶惶如喪家之犬，顛沛流離，擔驚受怕。

怕到什麼程度呢？每次朝廷裡派人來說個事，傳個話，李顯都覺得是老媽來要自己的命，都嚇得想自殺。

安樂公主就是這時候出生的。據說她生出來以後連多餘的衣服都沒有，還是李顯脫下自己的衣服來包住的，因此把她取名為「李裹兒」。

這個在疑慮和陰暗中長大的小女孩，生得早熟聰慧、秀麗非凡，被她的祖母武則天所喜愛，養在了宮中。

但是毋庸置疑，她並不會從此過上跟祖母天倫之樂的日子。她見多了祖母對父親的各種迫害，也熟知女皇的心狠手辣。在宮中成長的時光，只會讓她更加小心謹慎、如履薄冰。

這樣的日子一直持續到她二十歲。武則天因神龍政變而倒臺，她的父親李顯復辟了。

生活終於苦盡甘來。

也許是為了補償和自己同患難的家人，李顯將安樂公主的母親韋氏封為皇后，把這個命運多舛的小女兒封為安樂公主，大為風光了一把。

李裹兒成了大唐第一受寵的公主。她開始瘋狂彌補自己失去的童年。

錦衣華服買買買，豪宅花園造造造，別人有什麼好東西，她一定要得到更好的。

　　她的祖先們給她留下了一個繁盛的帝國。當年「貞觀之治」提倡節儉的風氣早就過時。浮華的泡沫將人心托得比天高。皇親貴族們都爭相揮霍祖宗的老本，仿佛稍微寒酸一點就不配站在世界之巔。

　　在這種崇尚奢靡的風氣之下，安樂公主的所作所為，頂多算是「有點過分」而已。

三

　　「今天給大家介紹一組新的妝容，叫做『酒暈妝』。這個妝呢比較濃，適合宮廷舞會的場合，保證能讓你成為全場閃耀的明星。最近這個妝容在宮裡很流行，我來給大家示範一下......」

　　直播間裡，安樂公主又開始了引領潮流的一天。

　　只見她鋪開梳妝檯，熟練地開始敷鉛粉、抹胭脂、描眉毛、貼花鈿......

　　觀眾們一如既往地發出此起彼伏的讚歎聲：「美美美！」

　　大家熱烈地討論著胭脂的色號和價格。

　　貴族女性的梳妝檯上，每一個不起眼的小盒子，也許都價值一戶中產百姓的全部家當。

　　安樂公主沉浸在網友們的彩虹吹捧裡，笑靨如花，不可自拔。

　　忽然，不和諧的聲音又響起來了。

　　「擺拍的吧。今年關內大饑，皇家哪來這麼多閒錢？」

　　聽到有人質疑自己化妝間的含金量，安樂公主大怒，一把將描唇的筆丟到旁邊的侍女身上，唇筆瞬間碎成幾段。

　　連皇帝父親都要讓她三分，她高傲的自尊心容不得一點質疑。

　　「瞧不起我？來來，就讓爾等見識一下本公主的豪宅。」

　　她喝令侍女們躲開，讓攝影機對準化妝間裡層層疊疊的櫃子架子，開始帶著網友們雲看房。

　　大唐網友們的世界觀被刷新了。

貢品級別的胭脂螺黛堆積成山，價值千金的珠寶被隨處亂丟，房間裡處處可見金銀掛飾，珍貴的瓷器和玉石擺件不要錢似的堆在各個角落。

直播畫面一轉，安樂公主驕傲的聲音傳來：「走，看看本公主的衣帽間。」

衣帽間裡箱籠堆成山，裝滿了普通人幾輩子也穿不完的華服。安樂公主隨意打開一個箱子，上次直播時顯擺過的百鳥裙赫然在內。而且有兩條！

觀眾的反應，從驚歎到羨慕，最後紛紛無聲了。

有人小聲說：「那裙子上綴的金片就夠我吃一輩子的……」

還有人陰魂不散地提：「今年關內大饑……」

安樂公主冷哼了一聲。

「關內饑不饑關我什麼事？父皇敢管我，我讓母后撕了他！」

觀眾們聽到如此大逆不道的宣言，紛紛緘默四顧，裝沒聽見。

確實。安樂公主的母后韋氏，可比她父皇厲害多了。

當了皇帝的李顯並沒有因此而改變自己懦弱的性格。經歷了無數磨難之後，他的意志早就被磨得遍體鱗傷。他常年生活在女皇的威壓之下，也沒什麼機會磨煉治國才能。當初眾臣推翻武則天，擁立他「復辟」，純粹是因為他李家人的身份。

在他落難之時，韋氏陪伴在他身邊，為他出謀劃策。他習慣了依賴這個女人。處理國家大事時，他總要回去跟韋皇后商量商量。

韋皇后對丈夫的態度漸漸從仰望改為平視，從平視變成輕蔑。甚至，她忍不住暗自對比年輕時的武則天 —— 武皇的權力之路，不也是從「幫助無能的丈夫處理公務」開始的嗎？

韋皇后的心，漸漸飄了。

有其母必有其女。這點心思自然也感染了安樂公主。母女倆一起不把皇帝放在眼裡。

出於疼愛，出於軟弱，安樂公主再怎麼作，她的皇帝爹也不予置喙。

安樂公主帶著網友們雲看了一圈房，把自己豪華的府邸逛了個遍。其中諸多奇巧用具，土包子網友根本看不懂是做什麼的。很多東西都是大唐獨一份，別人就算再有錢也搞不到。

全部看下來只有一個字：壞。

當然，也有槓精網友煞風景。

「壞是壞，不過不如臨川公主的舊府第低調奢華。我去年元宵的時候蹭了個請柬去那裡吃席，被徹底震撼了。」

這條留言一閃即過，可是安樂公主注意到了。

臨川公主是唐太宗之女，算起來是安樂公主的姑祖母，現在早已去世了。她的府第當然更加古樸有內涵。

順便說一句，杜甫是臨川公主的外孫，不過此時還沒出生。

安樂公主盯著這條彈幕，鐵青著臉沉默許久，然後突然起身，把梳妝檯上的瓶瓶罐罐全拂到地上。

四

#安樂公主強佔臨川公主舊府，臨川公主後人哭訴無門#
#臨川公主府周圍民房遭強拆#
#安樂公主誓打造長安第一豪宅#

幾天以後，熱搜傳遍長安城。

就連不上網（不追趕潮流）的長安百姓也知曉了。白髮蒼蒼的老人們搖頭感慨：「臨川公主是好人吶，好人沒好報。」

安樂公主得到了更精美的豪宅，將長安城所有其他王子皇孫都比了下去，終於心滿意足。

豪宅要配豪苑。長安城內有昆明池，是漢武帝時開鑿的湖泊。她喜愛池畔風景，向父皇索取整個池子。但祖宗成例，昆明池屬於公家，不得成為私產，因此皇帝沒同意。

於是安樂公主自行強奪民田，開鑿了一個大池，為其取名為定昆池。她又讓人移植了奇花異草在定昆池邊，以玉石為岸，珊瑚為底；飛閣步簷，斜橋磴道，

如同仙境。這樣一番折騰，總算把原版的昆明池比了下去。

有人在笑，有人在哭。當安樂公主在新的定昆池中享樂的同時，被搶佔田宅的百姓淪落街頭，食不果腹。

他們找到了臨川公主的幾個兒女，通過左台侍御史袁從一，去向皇上討說法。

「民意沸騰，再這樣縱容下去，安樂公主怕是要毀了大唐基柱啊！聖人一句話，臣就去拘了她！」袁從一語重心長地說。

但是皇帝李顯踟躕了半天，還是說：「朕去跟皇后商量一下。」

來到後宮，韋皇后正在和武三思飲酒調笑。

武三思這人很有意思。他是武則天的侄子，非常善於逢迎，在武皇當權的時候曾經被考慮為皇太子人選，但最終武則天還是把皇位傳給了親兒子李顯。按理說武三思和李顯應該是競爭對手的關係，但他跟李顯走得很近，武則天倒臺之後依舊權傾朝野。

他的兒子武崇訓，年紀輕輕就是風流一枝花，在宮中偷香竊玉，大小通吃，無往不利。

大唐的公主們活得自由自在，不懂什麼叫女德規訓。安樂公主和這個武崇訓堂堂正正地早戀，接著未婚先孕，然後風光大婚。

所以武三思和韋后也算是兒女親家，時常你來我宮裡、我去你府裡地串門嘮嗑。

嘮著嘮著，這兩個人就嘮到床上去了。他們毫不避諱，調笑戲謔，對飲親狎，無所不為。

李顯也許是眼昏耳聵，也許是覺得當年虧待了老婆，此時不如睜一隻眼閉一隻眼算了。總之，他這綠帽帶得舒舒服服，跟武三思稱兄道弟，處得十分融洽。

這會子李顯看到韋后和武三思在並肩喝酒，十分高興，湊上去也喝了一杯，這才借著酒意跟韋后說正事。

「話說啊……皇后，有件事，朕想和妳商量一下。那個……裹兒這孩子好像有點……驕縱，欺負百姓什麼的，咱們要不要……管管啊？」

韋后見煩了老公這副窩囊樣，不耐煩道：「咱們的女兒是天下最尊貴的公主，什麼事做不得？哪些刁民告她的狀，你還不快去治罪！耽擱什麼！」

武三思也跟著順水推舟:「這種小事也要驚動聖駕,我看朝裡人真是閒得沒事幹了。」

李顯一想,是啊,挺有道理。

於是就把這事擱一邊了。百姓被趕走,臨川公主那邊的苦主也隨便被一點錢打發掉。

有母后撐腰,安樂公主越發膨脹。她驕恣專橫,無所不為,熱搜天天上,誰也奈何她不得。

比如:

#安樂公主自請封為皇太女,重俊太子對此不予置評#

#安樂公主擄平民為奴婢充實府邸,民怨沸騰#

#安樂公主與長寧公主進行豪宅競賽,數百戶居民遭強拆#

#安樂公主造百寶香爐耗盡國庫內藏#

⋯⋯

結果,安樂公主非但沒有受到任何國法懲戒,反而攢了越來越多的錢,也有了越來越大的權力。她的直播粉絲越來越多,人人爭相為她執鞭墜鐙,期待飛黃騰達。

一個二十出頭的青春少女,在這種不受控制的縱容之下,變得越發飄飄然。

有人說,權力是最好的「春藥」。這句話適用於男人,也適用於女人。

網友們發現,她的直播間裡漸漸出現了面目陌生的小鮮肉——並非她的正牌老公武崇訓——跟她打情罵俏,神態親密。

網友們迅速八卦,發現此人是武崇訓的堂兄弟武延秀。此人相貌俊美,精通歌舞,放到現代也是個粉絲百萬的偶像小生,自然入了安樂公主的法眼。兩人的緋聞迅速發酵。

而武崇訓也表現出和他岳丈李顯一脈相承的忍耐能力:頭頂的綠帽挺舒服的,管他呢。

網友們還發現,安樂公主的直播節目裡,除了帶貨美妝服飾,也開始引進了一些別樣的廣告。

「公主我開府做副業啦！從今日起，凡是打賞超過三十萬錢的粉絲，一律可以授刺史之職！來來來，大家都來嘗嘗當官的滋味！沒有三十萬錢也無妨，可以買個稍小的官，這是價目表……」

眾網友：？？？

這不是公然賣官鬻爵嗎？

安樂公主受不得別人質疑的目光，生氣道：「別不信啊！我父皇疼我，什麼要求都會答應的！」

有那不差錢的土豪，試探著打了三十萬錢過去，報了自己的名字。

「公主公主，俺是開酒樓的，雖然有點小錢，但身份低微，也能當官嗎？」

安樂公主嫵媚一笑：「看我的。」

她當著全國網友的面，提筆擬了張詔書，把那開酒樓的封為高官，然後舉著手機，一路穿過走廊宮殿，來到了李顯的書房。

「父皇父皇，幫我簽個名嘛！」

李顯一看到活潑美貌的小女兒過來，心就酥了，帶著老父親的純真笑容問：「什麼詔書呀？拿來給朕看看。」

安樂公主一噘嘴：「就不告訴你！」

說著一手蒙上詔書的內容，一手抓著李顯手中的筆，撒嬌撒癡：「簽嘛簽嘛！」

李顯被女兒捉弄，笑得合不攏嘴，一點沒有皇帝的威嚴。

「唉小傢伙，真拿妳沒辦法。」

然後他隨便一揮筆，簽了。

安樂公主得意一笑：「謝謝父皇！」然後，她蹦蹦跳跳地揮著詔書走了。

全國網友都驚呆了！

短暫的沉默過後，打賞頁面狂閃，一筆筆鉅款爭先恐後地砸來。

「公主公主，俺也要當官！」

常在河邊走哪有不濕鞋。安樂公主得罪的人多了，自然有那不信命的。

前面說了，她娘韋后日日跟在李顯身後垂簾聽政，夢想成為武則天。

而她的夢想，是超越太平公主，等母親成為女皇之後，自己也撈個皇帝當當。

不得不說，如此大膽創新的美夢，也只有唐代的女性做得出來。

安樂公主的方法簡單粗暴：請父親將自己封為皇太女。

李顯雖然無能，雖然溺愛女兒，但在這件事上也不是全然沒有智商。

就算他閉著眼睛寫聖旨，朝裡有的是清醒的大臣，他們也不幹吶！

後武則天時代，人們對「牝雞司晨」這種事充滿防禦性的警惕。

況且，安樂公主雖然地位尊貴，但天天泡在美妝華服小鮮肉中間，政治能力實在不敢恭維。有武則天、上官婉兒、太平公主等弄權高手們珠玉在前，就算大家不介意女子繼承大統，安樂公主也不是個合格的繼承人。

有人要問了，畢竟她哥是太子啊。安樂公主這麼鬧，置太子於何地？

安樂公主還真不把太子放在眼裡。

因為太子李重俊是庶出，並非韋皇后親生。

韋后唯一的兒子因為得罪了武則天，已經被賜死了。要不然太子的位置也落不到李重俊身上。

驕縱尊貴的安樂公主對這個庶出哥哥是百般看不起，時常在公開場合對他凌辱羞辱、嘲笑譏諷，呼他為「奴」。

兔子急了也咬人。李重俊被排擠得急了眼，也怕這個妹妹真的搶了自己的太子之位，於是聯絡了兵部尚書和一些武將，打算造反。

他先是闖入了武三思府邸，殺死了武三思、武崇訓父子，然後衝入皇宮，打算幹掉韋后和安樂公主。

他闖到了玄武門，離勝利一步之遙。但是他的軍事才幹，可遠遠比不上當年的李世民。

李顯在韋后的鼓勵之下，向李重俊的兵士喊話，許以高官厚祿，讓他們歸

順。這些士兵本來也不知道自己為何而戰，當即歡歡喜喜地倒戈了。

李重俊倉皇逃出長安城。

李重俊最終兵敗被殺。安樂公主逃過一劫，卻絲毫沒有接受此次的教訓。驕奢淫逸一如既往。

賣官鬻爵越玩越大，宰相以下，多出其門。

老公死了，她順勢改嫁給了偶像小生武延秀，繼續夜夜笙歌。

這一年端午，她邀請公主嬪妃、宗親子弟們來到自己的仙境園林鬥草。

唐風民俗，端午之際鬥百草。在出遊踏青之時，人們會採摘奇花異草互相比賽，以新奇或品種多者為勝。

當然，在這些富貴閒人之中，比試的內容早已不限於花草。賓客們大顯神通，顯擺出自己最珍貴的寶貝。

有人拿出了稀奇的珊瑚樹，有人擺出了羊脂玉雕琢的牡丹，有人拿出了巨大的塞外人參，有人抬來了從吐蕃挖來的雪蓮。

一山更有一山高。在滿園的珠光寶氣當中，再昂貴的珠寶也顯得平平無奇。

眾賓客不約而同地看向了安樂公主。這個心比天高、從來不甘居人下的刁蠻公主，會拿出什麼樣的寶貝來呢？

安樂公主胸有成竹，令僕人端出一個精美的盒子，裡面赫然是一把又黑又長的鬍鬚。

在眾人犯愣的當口，安樂公主笑盈盈地介紹：「這是南朝大詩人謝靈運的鬍子！」

謝靈運是個美髯公，也信佛。臨刑前，他決定把自己的一把長須施捨給廣州祇洹寺，用作寺中佛像的鬍鬚。

這鬍鬚在佛像上粘了三百多年，成為鎮寺之寶。如今，安樂公主派人千里迢迢去祇洹寺把這鬍子割了下來。為了避免其他人得到這件寶貝，她派去的人順便又把剩下的鬍鬚都毀了。

賓客們紛紛驚歎，不光是因為這一束鬍子過於珍貴，更是對安樂公主的好勝心甘拜下風。

謝靈運：我得罪誰了？

六

後世人有言，上帝要使人滅亡，必先令其瘋狂。

安樂公主和她母親的種種瘋狂舉動，放在別的歷朝歷代，早就被殺頭無數次了。也就是攤上這麼一個開放寬容的大唐，還有一個縱容溺愛的老父親，才能讓她平安地繼續炫富。

過分的順遂讓安樂公主滋生了一種錯覺：自己的一生，註定始終如此燦爛。

直到她二十五歲那年，李顯去世了。

舉國哀悼。

然而，在發達的網路（小道消息）助力下，一則秘聞逐漸發酵。

#中宗皇帝疑被韋氏母女毒死！#

這則八卦很有傳播的土壤。隨著韋后和安樂公主的權力胃口越來越大，李顯不可能一直縱容下去，逐漸開始對韋后勢力反感。另一邊，韋后的一堆情人們擔心和皇后私通的事情敗露，韋后想當皇帝，安樂公主想當皇太女……各方勢力一拍即合，都覺得除掉皇帝是最佳的選擇。

於是，李顯暴卒。朝政盡落韋氏之手。

從小疼愛她的父親死了，安樂公主沉浸在「當皇太女」的夢想之中，並沒有覺得太悲傷。

她甚至在宮中，在自己奢華璀璨的臥室裡，開了又一場直播。

「集美（姐妹）們，好久不見！大家想不想我？」

彈幕中的粉絲們並沒有像以前那樣蜂擁而至拍馬屁，而是狐疑地拋出了一個又一個的問題。

「公主公主，先皇暴卒到底是怎麼回事啊？」

「公主妳不戴孝嗎？」

「聽說韋太后打算自立為帝，公主妳是什麼態度？」

安樂公主不耐地說:「今天直播美妝,無關話題免談。」

夜幕落下,燈燭輝煌,公主的臥室裡綢緞飄動,屏風後似乎還藏了個衣冠不整的絕色小鮮肉,風光旖旎,富貴逼人。

安樂公主照例將直播攝影機掃過了自己的一系列炫富收藏,像西方童話裡愛美的皇后一樣,在得到了眾網友「公主最美最有錢,誰都比不上」的誇獎之後,才滿意地打開妝奩,慢條斯理地挑選胭脂的顏色。

「今天呢,打算給大家介紹一款莊重的妝容,可以帶著去上朝的……」

馬上又敏感的網友發現了「華點」。

「上朝?公主妳真要當皇太女了嗎?」

安樂公主嘴角抿起一絲藏不住的微笑,依舊神秘地緘口不言。

「都說了今天不談國事。你們都別問。來來大家看,這是最新款的螺黛,我特別喜歡這個盒子,少府專門有個做玳瑁珠寶的工匠,我給要了來……」

觀眾們屏息,只聽到沙沙的畫眉聲。

背景音裡傳出若隱若現的人聲呼喊。

八卦的網友問:「公主公主,今天皇宮裡舉行消防演習嗎?怎麼那麼多人在外面?」

安樂公主一心沉浸在給自己修飾眉形上,對彈幕的提問毫不在意。

「……然後呢,這樣輕輕掃,務必要做出蛾兒的效果……」

人聲呼喊越來越近了,夾雜著金戈鐵馬的錚錚之聲。

安樂公主皺起了眉,自語道:「都這光景了,誰在練兵?」

忽然,屏風後面的帥哥也不藏了,慌慌張張地跑出來說:「公主公主,好像有軍兵朝這裡開進!」

安樂公主斥道:「閉嘴!沒看我幹正事呢嗎!床上呆著去!」

然而隨著聲音的逼近,安樂公主手裡的眉筆終於拿不穩了。她命人拉開窗簾,被映入眼底的火光晃得發暈。

直播螢幕後面的萬千大唐網友,也看到了窗外那支黑壓壓的軍隊。

有人眼尖,認出了來人:「那是臨淄王李隆基的旗號……吧?」

「那個男裝騎馬的絕對是太平公主!我在新聞聯播上見過好多次!」

「他們手裡提的是人頭嗎？」

「公主快跑啊！好像是政變！」

安樂公主冷笑：「政變？誰敢政變到本公主的頭上來？你們當是開故事會呢？」

她命令宮女：「去找我母后，這是哪家禁衛軍半夜喧嘩？請母后都給我治罪！」

宮女小跑著出了大殿，一去不復返。

安樂公主美麗的臉龐上終於出現了害怕的表情。她命令床上的小鮮肉：「你⋯⋯你出去問一下。」

面首自然對她百依百順，儘管兩腿打顫，還是硬著頭皮出去了。

哢嚓一聲，宮門被撞開。

安樂公主驚叫。

小鮮肉的頭，被臨淄王李隆基提在手裡。

還留在直播螢幕後面的少數網友，看到了他們終身難忘的一場直播。

李隆基手握鋼刀，輕蔑地環顧安樂公主那窮奢極侈的臥房，朗聲道：「韋氏禍亂朝綱，已被我殺了。安樂公主，還想要面子的話，就自己痛快點吧。」

安樂公主已經被嚇傻了。第一反應是不相信。

「不、不可能，昨天還好好的，今天白天還好好的⋯⋯母后還跟我一起吃晚飯呢⋯⋯你們、你們在惡作劇，是不是？今天是什麼節慶？不可能，不可能，我一點風聲都沒聽到⋯⋯」

李隆基冷冷說：「要是連妳都能聽到風聲，本王得有多膿包？」

他身後，一眾訓練有素的精兵哈哈大笑。

韋氏母女弄權跋扈，疑似毒害先皇，謀害皇室宗親，覬覦大唐皇位 —— 臨淄王李隆基早就決定先下手為強，除掉這兩個心如蛇蠍的禍患。

李隆基和安樂公主同歲，一個韜光養晦，心機深沉；一個驕奢淫逸，敗絮其中。

政變的風聲其實早就在坊間流傳開了，也就安樂公主不知道。

安樂公主捧著丟過來的匕首，花容失色。畫了一半妝容的臉上鋪滿鉛粉，卻

未施胭脂，顯得慘白沒有人樣。

「我、我不信……本公主馬上就要當皇太女了！你們……你們大膽！都給我拿下！來人，給我拿下！」

瘋狂的聲音徒勞地迴響，傳遍了長安城內外。

安樂公主驀地丟下匕首，提著裙子就往外跑。

一個親兵揮刀一斬，佳人墜地，血染紅了富麗堂皇的廳堂。

梳妝檯被打翻，無數奇珍異寶隨地滾落。百鳥裙染了鮮血，撕裂成碎片。

安樂公主的最後一場炫富直播，定格在了永恆血腥的一幕。

＋　七

這年七月，新帝李旦登基，追貶韋皇后為庶民，安樂公主為悖逆庶人，算是為這母女倆無盡的貪欲畫上了句號。

後來李旦迫於壓力，禪讓帝位於李隆基，也就是唐玄宗，後者開闢了開元盛世。大唐達到了極盛的繁榮，成為萬國之都。詩仙李白潑墨揮毫，記錄下了這個奇絕的時代。

但在同一個帝王的統治之下，也就是幾十年後，漁陽鼙鼓動地來，宛轉蛾眉馬前死。安史之亂將全盛的唐王朝攔腰斬斷，國家由盛轉衰，昔日的綾羅珠玉化為灰土。詩人們留下無數泣血詩篇，記錄下這個悲鳴的時代。

浮華如夢。後人望著那個淪為焦土的長安城，再也想像不出它全盛時的模樣。

月滿則虧，水滿則溢，一個王朝的命運，仿佛安樂公主一生的重演。

她卑微過，屈辱過；也得意過，風光過。然而凡事盛極必衰，人的貪欲無窮無盡，盛不滿這具美豔的皮囊。

此後的歷朝歷代，再也沒出現過如此規模的公主之亂。權勢掌握在男人手裡，他們有的比安樂公主更奢靡、蠻橫，有的比她更狂妄、兇殘。

而公主們呢，也再也無法想像，一個女人的日子竟然可以過成那樣。

也不知是該慶幸，還是該歎息。

　　據《新唐書‧五行志》記載，安樂公主曾下令，讓宮中負責備辦衣物的尚方局為其製作兩件百鳥裙。百鳥裙的顏色鮮豔無比，從正面看是一種顏色，從側面看又是一種顏色，在陽光下是一種顏色，在陰影中則是另一種顏色，並且裙子上還閃爍著百鳥的圖案，華貴無比。

　　不過這種美麗的代價可不小。據《朝野僉載》記載，安樂公主造百鳥毛裙以後，百官、百姓之家紛紛模仿，爭相去山中，導致「山林奇禽異獸，搜山蕩谷，掃地無遺」。

DANGCHAOXINPI

當朝新品
潮流必buy

文/夜觀天花板 瑤華

新的一年又來啦，在這美好的時光裡，時尚 lady 想要脫穎而出，少不了穿搭各種潮流物來扮靚。今天就為大家安利一撥當朝的寶藏新品！

CHAO LIU BI BUY

NO.1
鎏金舞馬銜杯紋銀壺

LIU JIN
HE WU MA XIAN BEI WEN YIN HU

出土地址：**何家村**

鎏金舞馬銜杯紋銀壺

大唐人愛飲酒，如今人人出門都會隨身攜帶酒壺。除了考慮酒壺的耐用性，其顏色、款式還要和當日衣著搭配。咱們長安有錢人家出門，酒壺品牌也是有講究的。據說，千年後女人們對待包包的態度，和我們如今對待酒壺差不多……

今年這款鎏金舞馬銜杯紋銀壺，遠遠望去，像是一個結合了馬鐙形狀的皮囊酒壺，看起來平平無奇，但你細品，細品就真香了！

鎏金舞馬銜杯紋銀壺其實是酒壺中的頂配，它出自有品牌保證的何家村，延續了經典款的銀質選材、扁圓腹和蓮瓣紋壺蓋設計，並用一條細鏈連結壺蓋與弓形提梁。壺底有仿皮條

結的同心結圖案，讓人的思緒情不自禁地從繁華的長安飄至天蒼野茫的草原，可汗也不過如此吧！雖然瞧著像皮質，但整個壺其實是十足十的白銀打造，既上檔次又有格調。

除此之外，酒壺兩側都壓模製作了「舞馬圖」的裝飾。駿馬膘肥體健，長鬃順垂，頸系的花結綬帶隨風飄逸，整匹馬貴不可言。同時，駿馬

翹首鼓尾、口銜酒杯，提梁、壺蓋和舞馬紋飾均過了一層鎏金，金銀交錯，粼粼生輝，將整個壺再提升一個等級。

整個壺通過特殊的工藝減重，重達十三兩半，已由大唐質檢機構認證，隨身攜帶也比較輕鬆。大家不用擔心因酒壺太重傷到腰部。

這樣一個既精美又彰顯個性的銀壺，諸位郎君和小娘子們還猶豫什麼？趕快入手背起來呀！

NO.2

鑲金獸首瑪瑙杯

XIANG JIN SHOU SHOU MA NAO BEI

鑲金獸首瑪瑙杯

出土地址：何家村

如果你覺得方才那件銀壺不能完全體現你的身份和品味，不妨來看看大唐第一品牌何家村的另一新品力作——鑲金獸首瑪瑙杯。

這個瑪瑙杯，是我們大唐唯一一件俏色玉雕。你在整個大唐也找不出第二件比它作工精湛的玉器，寰宇罕見。整個大唐，只有這一件，編號001，限量訂製，且不可帶出大唐！

（該物被列入《首批禁止出國（境）展覽文物目錄》。）

咱們最近流行胡風胡食，這件獸首瑪瑙杯可以說是胡風style的弄潮兒。這是品牌特聘的西域工匠，用最頂級的薩珊波斯的纏絲瑪瑙做出的「來通」獸角杯（敲黑板，知識盲區來啦，「來通」其實是希臘語音譯「流通」的意思）。獸的首、角等全部

依照瑪瑙的自然紋理和形狀打磨，匠心獨運。你瞧這流暢的線條和均勻的色澤。獸嘴處的鑲金酒塞也是一大特色，把它拔下來，大唐的葡萄酒就涓涓流下，香氣四溢。

咱們大唐人都聽說過，喝這種「來通」酒杯裡流出的酒，是可以防止中毒的。舉起「來通」一飲而盡，是向神靈致敬！各位貴族郎君們，想像一下你在宴會上舉起這個瑪瑙杯，我敢保證，席間所有人的目光再也不會從你身上移開！

NO.3 葡萄花鳥紋銀香囊

PU TAO
HUA NIAO WEN YIN XIANG NANG

葡萄花鳥紋銀香囊

出土地址：何家村

有些郎君或小娘子，可能囊中羞澀，入不了上面推薦的銀壺或者瑪瑙杯，但又不想落伍，畢竟長安人誰不想擁有一件何家村的物件呢？

那推薦你專注接下來的這件葡萄花鳥紋銀香囊，它是最合適的何家村入門產品。

它的外形十分輕巧，一隻巴掌可完全握住把玩。它跟目前潮流的大多數新品一樣，亦是銀質，通體用蝴蝶紋鏤空，好似外壁停滿蝴蝶，與「香囊」呼應。任誰鼻子一嗅，都會心曠神怡。

只要是何家村出品，不僅有品質保證，而且每件物品都至少有一處與眾不同的設計。這件香囊的獨特之處在於中間有一條水平線將球分成兩

半，再用一個蝴蝶扣子將兩半銀球連接起來，銀球的瞬間顏值提高數倍。此外，這個香囊球無論如何轉動，都會屹立不倒，大唐人你是不是有很多問號？

原理在這裡就不洩露了，如果你想一探究竟，就趕快get葡萄花鳥紋銀香囊吧！

絹衣彩繪木俑

JUAN YI
CAI HUI MU YONG

絹衣彩繪木俑

出土地址：高昌

如果你是手辦控和娃娃控，這套絹衣彩繪木俑絕對不能錯過，錯過後悔數年！

這個組合套裝一共有三個木雕小娘子人偶，人偶形象珠潤玉圓，敷粉施朱，身材婀娜。她們著淡黃上衣和墨綠披帛，長裙皆是數千年後仍然在流行的顏色——珊瑚紅，但又與之有細微不同。值得一提的是，娘子們身上的絹衣和長裙，皆由真人衣物等比縮小。高昌工匠們非常用心，用紅花和石榴皮調合紅色，用梔子花作為白色染料，其中還加入了藍草來綜合藍色。對了，藍草就是板藍根葉子，想不到吧！

這套絹衣彩繪木俑完全還原了盛世大唐的時尚和風流，綾羅繽紛，鮮豔如新，可質保千年不褪色。這套組合目前沒有隱藏款，不用盲選，建議要入手就整一套入，不要猶豫啦！

魯山窯花瓷腰鼓

LU SHAN YAO
HUA CI YAO GU

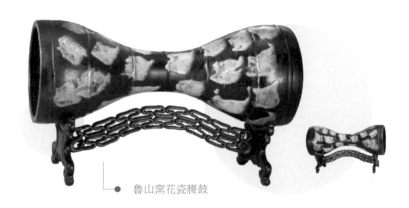

魯山窯花瓷腰鼓

出土地址：魯山窯

　　小夥伴們，想擊鼓催開春花嗎？想感受熱烈奔放的鼓點嗎？想伴著鼓點唱起最新的詞曲、跳起歡樂的胡旋嗎？快來看看這款宮廷御用的魯山花瓷腰鼓吧！

　　這款腰鼓長約兩尺，兩端廣口空腔，收束到中間成一段細腰。鼓身凸起七道弦紋，造型優美別致。更引人注意的是，它表面的勻淨黑釉上有著一塊塊藍白色的彩斑，是自然窯變而成，像宣紙上暈染的水墨一樣變幻多姿，顯得格外典雅。

　　想要把這個腰鼓要想掛在腰上起舞，恐怕太考驗肌肉力量了！您可以在宴飲奏樂時，把它放在地面上，用木杖擊打鼓面或是直接用手拍擊。還等什麼呢？快快入手吧！

CHAPTER TWO

F A S H I O N B E A

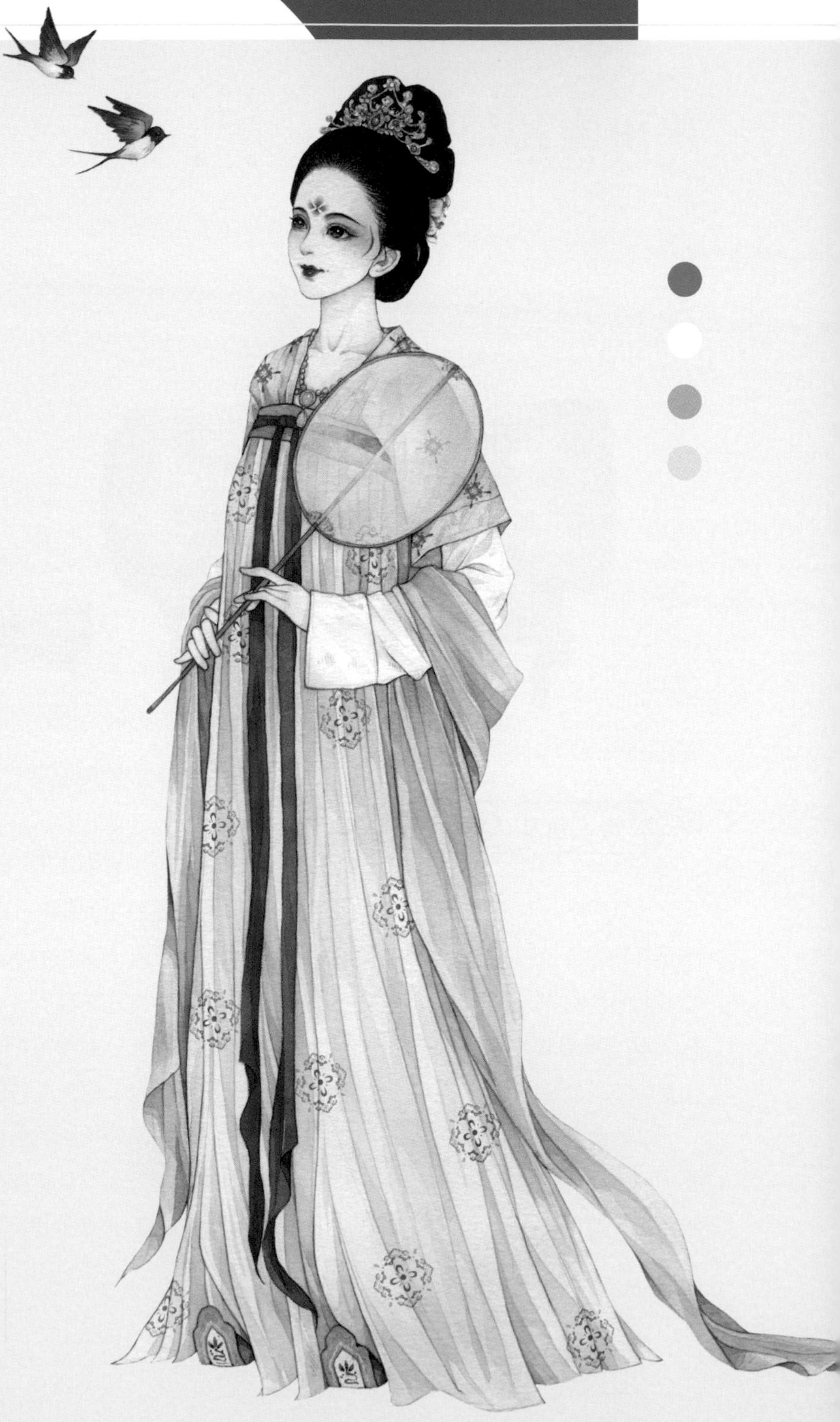

女神男神

揭秘八卦

CHAPTER TWO

第二章

BaGua

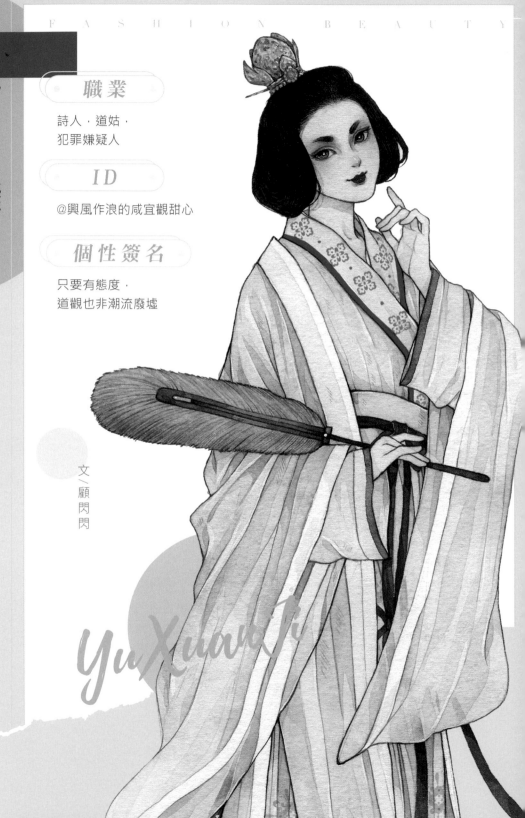

魚玄機

（西元844年—西元871年）

職業

詩人・道姑・
犯罪嫌疑人

ID

@興風作浪的咸宜觀甜心

個性簽名

只要有態度，
道觀也非潮流廢墟

文／顧閃閃

蓮花冠：
從頭潮起！重金屬的時尚魅力

　　魚：求頭冠安利？還算你們有眼光。我戴的這種冠，名為「蓮花冠」，原為道門高功法師上壇才能戴的，散發著一種能隨時羽化登仙的氣息。蓮花冠或用金銀編織鑲嵌，或用白玉雕琢，造型獨特得很，仿若亭亭綻放的一朵蓮花，我自己也很喜歡。

　　由於這種冠的設計太別致了，實在瞞不住那群愛美的妹子們。如今蓮花冠正逐步走出道觀，流向市井。所以走在大街上，可別看到人家戴著蓮花冠，就以為她是道教中人，說不定人家只是位新銳的時尚弄潮兒。

蟬鬢:
天熱梳這款！輕盈嫵媚顯臉小

　　魚：澄清一下，這麼梳真的不熱的！這款髮型看起來遮臉，實際上卻只是將兩鬢薄薄一層髮絲梳得漆黑而有光澤，再在臉龐兩側攏起，看起來如蟬翼一般，因此得名「蟬鬢」。

　　蟬鬢是精緻少女的象徵，沒有足夠的時間和閒情，誰能這麼一絲不苟地打理自己的秀髮？我朝的離婚協議書中就常常寫道：「願娘子相離之後，重梳蟬鬢，美掃蛾眉……」意思是，希望娘子離婚後，儘快走出消沉，重開妝奩，做個新髮型，打扮得漂漂亮亮的，再去釣個比我帥千倍的好男人，恢復從前的美好與活力。

　　夫妻之間不能走到白頭，至少能以這種豁達的心態分道揚鑣，緣盡怨解，不必互相憎恨。「一別兩寬，各生歡喜」也著實讓人羨慕啊！

麈尾：
文藝標配，格調利器

　　魚：說多少次了？ 我手裡拿的這把不叫拂塵，叫麈尾！ 麈尾從魏晉時期就開始流行，如今算是梅開二度。眾所周知，當時的名士有兩大愛好：清談和服用五石散。麈尾恰好滿足了他們的需求 —— 既能在清談時提升格調，又能在行散時清熱消暑，因此大受歡迎。阮籍、嵇康都拿著麈尾留過影。

　　這東西的構成很奇特，中間是一根細長的木條，木條兩邊和上端則插著柔順的毛毛，堪稱扇子和雞毛撣子的合體，驅蚊除塵二合一，實用中透著高端的氣質。

　　所謂麈，乃是一種大鹿。群鹿遷徙時，便是跟隨著麈搖動的尾巴前行。同理可證，只有大名士才能拿麈尾。傳說清談巨巨王衍有一雙美手，執白玉麈尾時，手和玉柄同樣潔白溫潤，直令手控們欲罷不能。

魚玄機
Yu XuanJi

易求無價寶，難得有情郎

▷▷　文╱南方赤火

魚玄機謀殺婢女綠翹案庭審記錄

時間：大唐咸通十一年（西元870年）
控方：大唐大理寺、刑部衙門
主審官：溫璋

　　溫璋：各位大唐子民，今日本官要審理的案件是一樁性質惡劣的謀殺案。在天子腳下的長安城，一個女道士被控謀殺她的婢女，影響十分惡劣。本官是京兆府府尹溫璋，今日定會秉公審理此案。我宣佈現在開庭！有請檢方律師陳述案情。

　　裴思謙：大家好，本官裴思謙，現任左散騎常侍兼大理卿。相信很多人都很熟悉本官了，本官系唐文宗開成三年狀元及第 —— 不不，不要聽信傳言，本

官絕對沒有走後門勾結宦官威逼主考官——總之，本官有資格作為此案的公訴人。有意見者可以去向大內仇公公提，相信他會給你們一個滿意的答案。

現在由本官簡略介紹一下案情。

魚玄機，女，長安人，生於武宗會昌四年（西元844年），現年26歲。是一名咸宜觀女道士。該道士行止不端，與多位男性有染。她有一婢女綠翹，亦明慧有色。被告魚玄機於咸通九年正月間，因懷疑婢女綠翹與自己的情人有染，出於嫉妒之心，將綠翹杖殺致死，並將其埋入後院。後因罪行敗露，魚玄機被京兆府依法逮捕。被告，本官所言，可有異議？

魚玄機：（沉默）

裴思謙：被告拒不認罪。來人，傳喚控方證人劉掾！

劉掾：主審官大人，公訴人大人，在下劉掾，是衛河東節度使。案發時，在下正在擔任工部尚書一職。今日，在下特地推掉公務，前來作證。

下官慚愧，雖然有妻有子，但在長安城裡公務繁忙，還是時常出入煙花柳巷尋歡作樂。這個魚玄機小姐，本是倡家女，靠出賣色相為生。後來為了擴展業務範圍，她來到咸宜觀出家。咱們大唐風月界最近的潮流各位大人都懂，不少女道士、尼姑都十分風流奔放。

下官也是魚玄機小姐的入幕之賓，常常與她相處甚歡。戊子年春季正月，下官在魚小姐處小酌，不巧內急，於是跑到她的後院裡打算就地解決——我知道這不文明，大家別笑話，不這樣怎麼能讓我發現罪案呢？總之我來到後院，發現一塊地方上青蠅聚集，趕走一波又飛來一波，十分可疑。細細觀察，地面似有血腥跡象。我當時就嚇壞了，腦海裡浮現出無數志怪鬼故事，酒也不喝了，藉故離開。

我悄悄把這件事告訴了自己的僕人老王。老王有個哥哥是府前巡卒，據說曾經向魚小姐求愛而不得，對她心懷怨恨。於是這個巡卒帶著一群同事，抄傢伙闖入魚小姐的院子開挖——玄機妳要相信我，這些事我都不知道——挖出一具女屍，面目如生。有人認出來，這就是魚玄機的婢女綠翹。而魚小姐此前曾經告訴別人，綠翹早就逃走了，她也尋不到人。

我所知的就是這些。至於綠翹是不是魚小姐殺的，我也不知道。

裴思謙：證人已在口供上按手印，表明真實無虛。魚氏！妳放蕩失德，草菅

人命，眼下知罪？

　　韋莊：反對！ 主審官大人，控方律師誘導提問，我方有話要說！

　　溫璋：嗯？ 堂下何人？

　　韋莊：不才韋莊，字端己，是魚玄機小姐的代理律師。

　　溫璋：沒聽說過。你有何功名？

　　韋莊：我乃蘇州刺史韋應物四世孫。和在座諸位官大人不太一樣，我父母早亡，少而孤苦；弟妹年幼，我為了生活而奔波多年，見慣了世事疾苦、人間亂離。偶然聽聞魚玄機小姐之案子，我心中同情吁歎，不可勝言。因魚小姐在長安沒有門路，我志願做她的辯護律師。我雖然屢試不第，好歹是個秀才，熟知大唐例律。我會盡我所能，給魚小姐爭取一個公正的判決。請問主審官大人，我可以傳喚證人嗎？

　　溫璋：區區一個落第秀才，居然有膽子和大理寺叫板。依本官看，你也是魚玄機的恩客，舊情難忘，因此才為她說話的吧！ 本官告誡你，懸崖勒馬為時不晚，你再為罪人說話，小心終生做不得大唐的官！

　　韋莊：做官不做官我倒不在乎。我和魚小姐確實有點私交，但看遍長安城，哪個才子跟魚小姐沒交情呢？ 您看看旁聽席上的名牌，這些君子們都是來給魚小姐聲援的哦！

　　溫璋（慌）：溫庭筠？ 皮日休？ 陸龜蒙？ 趙煉師？ 哎呦各位大人怎麼擠在旁聽席上啊？ 來人，快看座，奉茶！

　　韋莊：我方想請溫庭筠先生為魚小姐的過往作證，請主審官允許。

　　溫璋：……准。

　　溫庭筠：咳咳……請原諒本人年邁抱病，咳咳咳……各位大人們好，旁聽席上我的粉絲們請輕聲交流。

　　溫庭筠的粉絲：溫庭筠先生，有傳言說您和魚小姐是師生忘年戀，是真的嗎？

　　溫庭筠：這個，咳咳，絕無此事！ 待我從頭講來……我和幼薇認識得很早 —— 幼薇是魚小姐的原名 —— 那時候她家境貧寒，早逝的父親原是長安城內一落魄書生，膝下無子，於是將畢生學識教給他的小女兒。幼薇天賦異稟，才思

敏捷，很快成為名滿長安的女神童。

　　那時我已經是頗有名氣的詩人，聽聞這個小女孩的名氣，就慕名拜訪，想要考較一下，看她到底是真神童還是炒作。那時三月柳飛絮，我以「江邊柳」為題，令她作詩。結果，她的才情令我敬畏。我至今記得她筆下的那首詩：

> 翠色連荒岸，煙姿入遠樓。影鋪秋水面，花落釣人頭。
> 根老藏魚窟，枝底系客舟。蕭蕭風雨夜，驚夢復添愁。

　　你們看看，這首詩清新而不失老練。若她是個男孩，定然是狀元的苗子。

　　我不願看到這根好苗子廢了，於是成為她的老師。那時她的家境極為窘迫，寡母以為妓院洗衣為生，我也時常接濟她們。控方律師聲稱幼薇原是倡家女，這點有待商榷，只不過是她母親在倡家打雜而已。

　　幼薇是我看著長大的，我可以作證，幼薇出身清白。至於她的人品麼 —— 雖然算不上女德標兵，但也絕不是蛇蠍婦人，更絕不是人盡可夫的浪女。她只是一個普普通通的年輕小姑娘，怎麼會因爭風吃醋而辣手殺人呢？老溫我不信。

　　當然啦，幼薇青春年少，情竇初開之時，也曾對我這個做老師的有一點不切實際的念想，也許還曾寫過一些曖昧的詩詞，比如大家很熟悉的《遙寄飛卿》、《期友人阻雨不至》等等。不過我保證，她的這些想法這些都被我掐滅在了萌芽之間。我溫庭筠雖然放浪形骸，出入歌樓妓院無數，但我不禍害小女孩。我比她大將近三十歲，而且最關鍵的是，我對自己的顏值有自知之明，在座的很多粉絲都可以證明。當初因為綺麗的「花間詞」而粉了我老溫，最後見到真人立刻脫粉者十之八九，哎不說了，都是淚。

　　溫庭筠的粉絲：庭筠哥哥不管你多醜我們都愛你！

　　溫庭筠（招手）：多謝抬愛。總之呢，我做幼薇的老師數年，後來做主，把她介紹給了當時的新科狀元李億先生，嫁給他做妾。才子佳人，俊男靚女，十分般配。所以幼薇也算是良家婦女，並非控方所指的煙花妓女。這點老溫希望向主審官澄清。

　　裴思謙（打斷）：哦是嗎？ 主審官大人，下官有必要提醒您，溫庭筠這個人

狂妄自大，士行塵雜，多次作詩諷喻權貴，且慣於縱酒放浪、擾亂科場，還喜歡隨意指點其他考生答卷，視科場規則如無物，以致於屢試不第，憤世嫉俗。對於他的證言，我們有必要帶著懷疑的態度聽取。

至於說被告曾經是李億先生明媒正娶的妾室？可惜我這裡有一位人證，她可不這麼說。傳喚控方證人裴氏。

裴氏：各位官大人好，妾這廂有禮。自我介紹一下，妾是李億明媒正娶的髮妻。李億今天拉不下面子過來，於是由妾代他陳述。

沒錯，這個姓魚的小狐狸精確實曾經跟過拙夫李億。這不奇怪，男人嘛，喜新厭舊是常態。我老公旅居長安，有錢有地位，人長得又英俊，自然有一堆小姑娘撲上來。他旅居長安時，身邊寂寞，缺個鋪床疊被的女人，於是跟這個魚玄機好上了，這個我都很理解。男人嘛，外面彩旗飄飄不要緊，那都不是玩真的。只要他心裡有這個家，按時給生活費，那就算盡到了做丈夫的責任，我們做妻子的還有什麼可抱怨的呢？但隨後的事情出乎我的意料。小狐狸精還算有點才情，時常給他寫點相思詩句什麼的。比如說這首：

> 楓葉千枝復萬枝，江橋掩映暮帆遲。
> 憶君心似西江水，日夜東流無歇時。

大家聽聽，這還要臉不要臉。我老公這個單純的大男孩，就這麼被魚小姐玩弄感情 —— 據說魚小姐還和她的老師藕斷絲連，經常寫信表達相思……

溫庭筠：李夫人不要胡言！我們那是正常的文人交流！筆友！筆友妳懂嗎？我給她的詩都是公開發表的！你們隨便翻我的詩集，妳能看出藕斷絲連，我老溫立馬封筆！

裴氏：呵呵。總之李億似乎被這個小妖精迷上了，這我就必須採取行動了。我來到了長安，打聽到了李億金屋藏嬌的地方，帶人上門，把她痛打了一頓，讓她離我老公遠點。李億也終於意識到了自己的錯誤，他懸崖勒馬浪子回頭，休了魚小姐，安心跟我繼續過日子。

所以主審官大人，魚小姐並非什麼良家婦女，而是職業小三。小三都該死，

請判死刑謝謝。

溫璋：魚玄機小姐，妳有什麼可說的嗎？

魚玄機冷笑不語。

韋莊：魚小姐，妳服個軟會死啊！主審官大人，作為辯方律師，我要求傳喚我方第二個證人！有請咸宜觀觀主玄真道長！

玄真道長：阿彌陀佛……哦不，福生無量天尊！貧道給各位施主見禮了。

貧道是自幼出家的女道士，最近一直在長安咸宜觀擔任觀主。由於最近經濟形勢不利，道觀香火不旺，因此也兼做一些副業，收留一些無家可歸的婦女什麼的……你們懂的。前幾年，有個叫李億的施主悄悄找上貧道，說他有個相好不容於大房，乞請在我的道觀裡容身。他還捐了一大筆香油錢。貧道記得很清楚，分別的時候，那個李億眼淚汪汪，指著三清殿裡的神像發誓，三年之內一定會搞定大房，把魚小姐接出來……

裴氏（臉色煞白）：不可能！你瞎說！我老公不可能！他說已經把姓魚的給休了！再不相見！

玄真道長（聳肩）：貧道何必說謊？女施主回家和尊夫一問便知。貧道只說自己清楚的。魚小姐在咸宜觀裡居住數年，那個姓李的一次也沒來找她，只是寫過幾封信。當初給的生活費也用完了。魚小姐對李億早就死了心，還曾作詩曰：

易求無價寶，難得有情郎。

窘迫之際，她向貧道請求出家，也做一名女道士，改名魚玄機。但就算出家也不能解決生活問題。玄機想出一道奇招，她在大門口貼出告示——「魚玄機詩文候教」，遍邀長安名士來探討風雅。

這一招十分奏效。你們想想，前來請求賜教詩文的，肯定不會空著手來吧？有人跟玄機姑娘聊得入迷，想要留宿時，總不能白住吧？這麼一來，我道觀多了一大筆可觀的收入，也有錢裝修粉飾了；玄機姑娘也有錢買書買筆了，而且結交了一大群風雅名士朋友。對了，綠翹這個丫頭也是那時候買的……

裴思謙：請問這和倚門賣笑有什麼區別？

韋莊（驚訝）：區別大了！魚小姐賞玩風月之佳句，往往播於士林。她交友的標準很高的！首先人要帥，然後肚子裡要有墨水，還要懂女人心思。若是哪裡冒犯了她，她會直接把人趕出去的！我韋莊不才，花間詞作得跟老溫不相上下，魚小姐和我品茶論道，夜裡從來是不收房錢的！還有在座的長安名士們，時常接到她遊山玩水的邀約，我們的詩集裡都有和她應和的詩文，我們跟魚小姐分明只是以文會友嘛！至於男女關係……哎呀這些都是順其自然的，咱們大唐這麼開放，小姑娘們談幾個男朋友不是很正常嗎？魚小姐就是……比較豪放而已！這叫及時行樂！

旁聽席眾名士：沒錯！魚小姐和我們的精神共鳴更重要！我們是知己！

溫璋：辯方律師不要狡辯！有金錢往來，有男女關係，那就是賣的！不接受反駁！

韋莊：那請問，長安城裡的煙花女子誰能自主挑選賓客？據我所知，不是所有人都能隨便和魚小姐交往的！對了，溫法官，聽說您也曾多次自備詩文，去咸宜觀登門拜訪魚小姐，但是由於詩作得太臭，被她當面嘲笑一番，摔門而去……

溫璋（臉通紅）：辯方律師不要再說了！我們暫且認定被告身為良家。繼續下一個議題。被告預謀殺人，手段惡劣，這點妳可認罪？

裴思謙：申請傳喚我方證人劉氏，死者母親。

劉氏（大哭）：我的兒啊！妳死得好慘啊！妳自幼被那個魚玄機女道士買走，端茶送水伺候人，沒過過一天好日子。誰知妳越長越大，出落得明媚水靈，而那個魚玄機已經是二十多歲的殘花敗柳，她居然懷疑妳私自搶她的客人。盤問之際，妳看不慣她行止放蕩，嚴加批評，表明自己如何清白，絕不會自甘下賤。魚玄機惱羞成怒，竟而辣手把妳殺了！等我聽到消息時，妳的屍骨都寒了！妳死得冤哪，官府要給老身做主哇！

韋莊：劉媽媽，話可不能亂編。妳女兒慘死，我們都很同情。但是她死亡的細節您說得有鼻子有眼，連她死前說過什麼話都一清二楚，請問您是怎麼知道的？不會是魚小姐告訴您的吧？

劉氏：……

韋莊：我方也申請傳喚證人，有請隔壁老黃！

黃巢：各位官老爺，草民這廂有禮！草民黃巢，原是個秀才，因為屢試不第，故而棄文從商。這年頭從商也不容易，每天都被層層盤剝，不過勉強糊口罷了。小人這幾個月一直租住在咸宜觀隔壁的民房裡，跟魚玄機和那個綠翹小丫頭也有幾面之緣。

其實魚小姐年齡不大，那個小丫頭就更小了，大概只有十幾歲吧。依草民看哪，現在世風日下，十幾歲的小丫頭，跟這個水性楊花的女主人，哪兒學來那麼多仁義道德？還義正詞嚴地指責女主人作風問題，以致於把自己的命搭上去？草民以為，綠翹這個丫頭大概就是正常病死的。畢竟這個社會是富人的社會，窮人病死餓死太尋常了。魚玄機小姐呢，年少不經事，看到丫鬟死了，慌亂之間把她埋了，也是人之常情，根本沒什麼謀殺啦。

裴思謙：這個辯方證人憤世嫉俗，對我大唐政局頗有不滿，我建議，對他的證詞不予採信。

韋莊：控方居然請了市井老婦當證人，上庭就會撒潑打滾，我也建議，對她的證詞不予採信！

溫璋：好了兩位律師別吵了。被告用來殺人的兇器找到了嗎？

大理寺眾官：沒找到。

溫璋：這就難辦了。只有人證，沒有物證，如何定罪？然而本官認為，罪無輕重，惡無大小。除惡務盡，犯意方絕，此謂之能治者。諸位放心，本官一定不會放過有罪之人。現在有請兩位律師進行總結陳詞，本官將擇日宣判此案。

裴思謙：青天白日朗朗乾坤，女道士公然倚門賣笑，花季少女無故被殺，這一切到底是人性的扭曲，還是道德的淪喪？魚玄機以其色相為餌，引誘長安眾名士公然聯名為其求情，此例一開，置我大唐法律為何地？本官以為，此案應當從嚴從重判決，以儆效尤！

韋莊：魚玄機小姐是一個身世淒慘、有著童年創傷的絕世才女。她屢次被男人辜負，因而看破紅塵，決心快意人生，何罪之有？才女的手只用來拿筆拿紙，斷不會用來殺人。不才認為應當疑罪從無，釋放魚小姐。對了，不才提醒一句，依據《大唐律》，奴婢的地位「並同畜產」。如果主人未經官府判決而殺了奴婢，刑罰是「杖一百」。如果奴婢無罪而被殺，主人的刑罰是「徒一年」。我無意評論

這條法律，但既然法律這麼規定了，作為大唐子民就要依法行事。就算魚小姐真的殺了人，最多也只會坐一年牢，談不上什麼殺頭 —— 魚小姐，一年之後，我們等妳！

旁聽席眾名士：一年之後，我們等妳！

庭審結束

以上就是魚玄機殺人案件庭審內容的全記錄。由於年代久遠，史料不全，作者已進行適當補充發揮，讀者姑妄聽之，以為戲言即可。

但關於魚玄機的生平，這裡基本上是真實呈現。她幼年喪父，被溫庭筠發掘教育，繼而嫁給李億，又因正妻不容，出家做了道士，從此交遊廣泛，成為長安城內最有才情的交際花。

直到她的生命因為這樁殺人案而終止。

法官溫璋（他是溫庭筠的遠親）最終無視了大唐律，選擇了最嚴厲的刑罰，將她判了秋後問斬。溫璋是當時的京兆府尹，裴思謙是當時的大理寺卿。唐朝法制對死刑十分慎重對待，按照大唐律規定，重大案件先由大理寺審理完畢，判處死刑後將案卷材料移送刑部覆核，若有異議，則移交大理寺重審。若核准，還需奏報皇帝批准。

縱然魚玄機按律不當死，縱然有諸多權貴名士為她求情，溫璋還是跨越了重重阻礙，堅持將她判處死刑。有傳言說溫璋曾經多次上門拜訪魚玄機，欲求一親芳澤，但未能得到才女青睞，因愛生恨。

溫璋同時也是個有名的酷吏，信奉「寧可錯殺，不可放過」。據記載他曾經將一個偷鳥賊判了死刑。所以此案也許只是他踐行自己雷霆手段的一個小例子。順便說一下，溫璋的結局並不太好。在判死魚玄機後的兩年，他因觸怒唐懿宗，被貶官趕出京師，後自盡而死。唐懿宗聞訊還說他「惡貫滿盈，死有餘辜」。

溫庭筠是魚玄機的啟蒙老師，也是忘年之交。幼年的魚玄機也許傾慕過這位其貌不揚的才子老師，但他們的關係最終沒有進一步發酵。溫庭筠將她介紹給李億，大約也是想要澆滅這個小姑娘心中那股不容於世俗的火苗。

魚玄機死的時候，溫庭筠應該是在外地做官。那時候他已近六十歲，縱有通天才情，奈何太過恃才傲物、無視公序良俗，得罪的人太多，以致於始終不得志。

六十歲的時候，他終於得以出任國子監助教。然而他沒珍惜這次機會，居然擅自宣佈進行考場改革，杜絕因人取士的不正之風。這一舉措又得罪了一堆權貴，官印還沒焐熱就又被踹出官場。最終，溫庭筠在貶謫路上困頓失意而死。

至於韋莊、皮日休、陸龜蒙等人，他們都是和魚玄機同時代的晚唐詩人。生活在長安之時，他們應該也曾和這位著名的女道士有過接觸。只不過魚玄機的不少詩文早已散佚，我們無法推知這些男女詩人們到底擦出過什麼樣的火花。

至於最後一位證人隔壁老黃，此為作者想像，大家都知道他是誰。

魚玄機所生活的晚唐黑暗而腐敗，當初那個擁有李世民、武則天、李白、楊貴妃的如日中天的帝國已經從根裡腐爛。西元875年，魚玄機死後不久，屢次落第、鹽梟出身的黃巢起兵造反。曾經輝煌絢爛的唐王朝一朝破碎，這也直接導致了中國歷史上最為深重的戰亂災難之一。

西元880年，黃巢軍攻入長安，血洗這座千年古城。詩人韋莊和家人失散，流落江湖。他目睹了這場震撼神州大地的社會巨變，目睹了遭受深重苦難的無辜人民，悲憤之下寫就長詩《秦婦吟》，一時間盛傳民間，成為這場災難的忠實記錄。

所以在這場虛擬的庭審中，作者讓韋莊做了魚玄機的辯護律師，因為他有一顆與婦孺弱者共振的同理心。

但是這首詩不久以後便散佚流失了，宋元明清歷代皆只聞其名，不見其實。直到近代，《秦婦吟》寫本才復出於敦煌石窟，讓後人窺到這首失傳了千餘年的歷史名作之全貌。

家家流血如泉沸，處處冤聲聲動地。舞伎歌姬盡暗捐，嬰兒稚女皆生棄。

......

昔時繁盛皆埋沒，舉目淒涼無故物。內庫燒為錦繡灰，天街踏盡公卿骨！

......

如果魚玄機不死，她大約也會成為兵禍中的一縷浮萍，成為《秦婦吟》中的一句染血記錄。這樣的結局，未必比砍頭要好吧。

江采蘋

（約西元710年—西元756年）

職業

皇妃，
大明宮梅花種植園園長

ID

@遠離宮鬥的第六千九百三十五天

個性簽名

溫婉又清麗，
本宮親授盛唐「好嫁風」

文／顧閃閃

JiangCaiPing

額黃：
選對額黃，你就是人間富貴花！

　　江：「約黃能效月，裁金巧作星」，誰不想把皎潔的明月和燦燦的星辰搬到自己的妝容上？大家天天畫額黃妝，但如何將基礎款妝容畫得出彩，卻需要技巧。首先，底妝一定要白，以不是白皮勝似白皮為目標，卡粉掉灰都不算事，畢竟有什麼比黃皮塗額黃更災難的呢？

　　常規將額頭全部塗黃的畫法，叫作平塗法，能增加肌膚的光澤感，顯得天庭飽滿、端莊大方。據說這是南朝女子們從塗金佛像上受到的啟發。平塗法上妝面積比較大，我推薦這款啞光沙漠盤，搭配花鈿使用，兩種妝容疊加便如同鮮花細蕊，盡顯高級。

　　除此之外，今天我再介紹一種半塗法，這款塗黃面積小，更強調漸變和暈染，用日落盤就可以很好地完成，妝感自然清透。

斜紅:
吸睛提氣色，全靠這款「撞傷妝」

　　江:最近我見宮中的姐妹們紛紛畫起了斜紅妝，它背後的故事大家可否知道? 傳說，某夜魏文帝曹丕燈下讀書，四周障以水晶屏風，宮人薛夜來不知，走過來時不慎撞了上去，登時痛得淚光盈盈，額角血流不止。這麼大動靜，當然驚動了魏文帝。他將人細細一打量，只見拭去鮮血的佳人鬢邊尚殘留著一彎血月般的傷痕，與美貌相得益彰，當真是絕色!

　　後宮諸人見薛夜來得寵，便紛紛學起了這種斬男小心機，又不忍真對自己下狠手，便用朱砂和胭脂仿著那傷處的樣子，仔細描畫，描過處如被曉霞灼傷，所以又被稱為「曉霞妝」。

絹扇:
霧裡看花，人手一把的凹造型神器

　　江：若是説到擺拍神器，珠翠俗氣，琴棋沉重，我覺得倒不如隨身攜帶一把絲絹的團扇，遮陽、掩面各種造型隨心擺；隨手輕揮，還能驅散盛夏的燥意，豈不是一舉兩得？扇子古已有之，可絹扇不是哪朝美人都用得起。如今流行起來，還要歸功於我朝發達的紡織業。原本貴比黃金的絲絹不僅用到了衣裙上，連扇子都跟著升級換代，罩上了薄如蟬翼的新裝，輔以緙絲、雙面錦等工藝，叫人眼前一亮。

　　不得不説，我大唐女子真是愛極了絹扇，以致於出嫁時都要帶上一把，一為驅災辟邪，二為遮掩花容月貌，這種習俗被稱為「卻扇」。洞房花燭之夜，新婦絹扇輕掩紅妝，羞答答地靜待夫君前來，還有什麼比這更讓人心動的呢？

江采蘋 *JiangCaiPing*

欲採蘋花不自由

▷▷ 文/采薇

我噠噠的馬蹄是美麗的錯誤
我不是歸人，是個過客①

　　閨中美人蹙眉深坐，心如窗扉緊掩，等待意中的歸人。過客的馬蹄聲驚擾了這故作平靜的夢境，徒留一地美麗的錯誤。

　　一千多年前，一個脫俗絕塵的美人路過了一個萬國朝拜的王朝，她也曾驚豔，也曾珍重。只可惜，這驚鴻一瞥般的邂逅被蒙上了錯誤的陰影。美人終被辜負，不得善終，而鼎盛的王朝也覆滅於戰火之下。

　　這個美人，是江采蘋。她路過的王朝，是盛唐。

① 出自鄭愁予《錯誤》。

江采蘋的前半生可謂順遂。

她出生於醫道世家，是家中嬌寵的幼女，且飽讀詩書，才情縱橫，9歲便能吟誦《詩經》中的〈周南篇〉和〈召南篇〉。小小的人兒只一點兒高，卻堅定地揚起腦袋，對父親說：「吾雖為女子，當以此為志。」

14歲時，江采蘋已經能吟詩作賦。她精通琴棋書畫，有底氣自比晉朝才女謝道韞。沒錯，就是出生王謝世家，寫出「未若柳絮因風起」的謝道韞。

這樣出色的天資，已令普通人難以企及；更難得的是，江采蘋還擁有足以讓人折服的美貌，這美貌與她獨樹一幟的才情交相輝映。

開元二十五年，唐玄宗最寵愛的武惠妃溘然長逝。為了緩解帝王悶悶不樂的心緒，高力士親自去閩粵兩地為玄宗選妃。聽聞江家有女美貌絕世後，高力士便親自上門相見。

在宮中見慣美色的高力士，一見江采蘋便驚為天人，立即以重禮相聘，將她帶回長安。唐玄宗果然非常寵愛她，很快便賜她為正一品皇妃。

大唐開元、天寶年間，是整個中國古代史上盛世的頂峰。高堂金玉，鈿彩琉璃，白馬華服，亭臺樓閣，無處不精美，無處不奢華。美人與公子都縱橫恣意、神態昂揚。他們喜歡明豔的色彩，沉迷雍容的華貴。

這是個屬於牡丹的時代。只有牡丹的大氣、豔麗、耀目，才足以當得貴人那一句「唯有牡丹真國色，花開時節動京城」的感慨。

江采蘋不同，她不喜這如火的牡丹，卻獨愛幽靜的梅花。

從小，她便篤定了這個愛好。因為她愛梅如狂，父親重金為她尋求各種梅樹，遍植於堂前屋後，讓愛梅的女兒可以時時欣賞梅花的風姿。日日與梅相處，江采蘋薰陶出了近於梅的氣節與風姿，高雅嫻靜，不同流俗。

進到宮中，這樣的不同愈加惹眼。

當時宮中嬪妃很多，皆愛濃妝豔抹和盛裝金飾。而江采蘋雖然容貌殊勝，但卻喜好淡妝雅服，姿態明秀，清爽宜人。這樣的江采蘋，為華貴的大明宮送來了一縷清風，得到了唐玄宗的寵愛。

玄宗稱她「梅妃」，開玩笑時，還戲稱她為「梅精」，在她的宮中種滿各式梅樹，並親筆題寫其中的樓閣為「梅閣」、花間小亭為「梅亭」。每到梅花綻放的時

節，江采蘋便徘徊於梅林之中，賞花作賦，怡然自得。滿宮的目光都落在了她的身上。

江采蘋的詩賦才華極高，樂舞也不落人後。她所作的《驚鴻舞》，翩若驚鴻，宛如游龍，如誤落人間的仙鳥，徘徊長鳴，又隨風而去。這樣的風姿，曾經是大明宮最美的傳說。

美貌有了，才情有了，帝王的寵愛也有了。江采蘋的前半生，可謂引人稱羨。只可惜，沒人能夠提前預見命運的翻雲覆雨。

上天給江采蘋送來了宿命的對手——楊玉環。

江采蘋愛梅，似梅；而楊玉環嬌豔嫵媚，如同集大唐風情於一身的牡丹，紅豔豔、華燦燦。楊玉環的一顰一笑都是熱烈的、奪目的、傾國傾城的。梅花與牡丹並立，幽清淡泊與國色天香同處，江采蘋很難先聲奪人。

甚至連舞蹈的風格，她倆都隱隱相對。

江采蘋的《驚鴻舞》是天上驚鴻，不能在凡塵俗世久留；楊玉環的《霓裳羽衣曲》才是盛世大唐應有的輝煌，演繹起來既是天上美佳人，又是人間富貴花。《驚鴻舞》中孤寂的飛鴻也只能黯然獨鳴，悲傷落寞。

更不妙的是，江采蘋和楊玉環，都不是性子和軟的人。

楊玉環方獲寵時，正如詩歌中所寫的那樣 —— 春宵苦短日高起，從此君王不早朝。

曾經，唐玄宗也是一代英主。他作為一名借著宮廷政變上位的年輕帝王，手段高絕，才能卓著，更是一手締造了開元盛世。

可再英明的帝王，也難以抵擋這浮靡繚亂的宮廷生活的侵蝕。年已花甲的唐玄宗勵精圖治了大半輩子，終於覺得累了，想要好好放縱一番。

更何況，上天在此時送來了楊玉環。於是唐玄宗既不上朝，也不理政務，與楊玉環通宵達旦地歡唱飲宴。大唐牡丹的香氣，熏得唐玄宗一頭栽了進去。

從小便飽讀詩書、清冷守禮的江采蘋看不過去了。她一向才高，覲見玄宗時詩筆一揮，贈詩一首，諷刺二人的荒唐。不想這一番作為並沒使玄宗懸崖勒馬，反而讓江采蘋被打入了冷宮 —— 上陽宮。

然而，楊玉環與江采蘋之間的衝突還不止如此。

四時回轉，盛衰開謝，到了梅花盛開的時節，唐玄宗睹物思人，突然想起曾得自己萬千寵愛，如今卻被困上陽宮的江采蘋。昔日裡佳人的身姿風貌，二人的情意纏綣又在玄宗的腦海中浮現起來。

恰巧這一日，楊玉環不在，玄宗便悄悄地派遣貼身宮人去到上陽宮，將梅妃接了來。二人方才坐下，還未來得及說幾句話，已得到消息的楊玉環便不宣自闖，眼看就要來到二人面前。

此刻，玄宗半分也未顯示出英主的霸氣，而是在驚嚇之下，把江采蘋藏進了屋內的夾牆中。等玄宗處理完瑣事再回到屋內時，夾牆中已無芳蹤，只餘江采蘋留下的幾枚頭飾。玄宗趕忙將頭飾封好，使人給江采蘋送去。

獨坐上陽宮的江采蘋看也不看珍貴的首飾，只向來人問玄宗的意思。來人無奈地解釋：「皇上並不是拋棄妳，只是，只是怕楊玉環生氣。」

這一下，江采蘋苦笑出聲，無力地揮退了來人。

對江采蘋這樣自有傲骨的女子來說，玄宗如此行為，雖未明言，但彰顯的事實已足夠多。

她突然回想起，自己躲起來時，透過牆縫，依稀可以窺見那個明豔衝動的女子。她毫不畏懼地拉著玄宗吵鬧，不論高聲言語或是低泣淺訴，都帶著有恃無恐的篤定；而玄宗雖然生氣，雖然也會略做懲罰，但眼神中的無奈卻纏繞著包容，那樣的不捨是騙不了人的。

楊玉環可以仗著寵愛發脾氣，而江采蘋，已經是見不得人的那一個。

夾牆內那麼冷，也冷不過自己的心。

江采蘋知道自己已經沒有贏面了。

這之後，江采蘋便困守上陽宮。

寥落古行宮，宮花寂寞紅。冷宮是不分白天黑夜的，因為同樣冷清，同樣寂寥。又因為它的寂寥，所以外界的一切聲響都被一一放大，然後直直地被呈現到眼前來。

比如這驛馬奔跑的隆隆聲響。

曾經，她受寵時，除卻宮中遍植的梅花，各地也爭相進獻。忙碌的驛馬來來回回，讓清冷的梅花都染上了一絲熱鬧。而如今，熙熙攘攘，都是各地進獻荔枝的煙塵。

一騎紅塵妃子笑，無人知是荔枝來。江采蘋日日旁觀，難忍淚流滿面。

冷宮孤寂，她突然想起了和自己命運相像、也同樣命薄的一位紅顏——陳阿嬌。

劉徹為漢武帝，陳阿嬌為漢皇后。二人青梅竹馬長大，也曾一片情深，但最終，陳阿嬌皇后之位被廢，退居於長門宮。陳阿嬌斥千金請一代賦家司馬相如提筆陳情，作《長門賦》，以期獲得帝王的回首。

江采蘋也想效仿，於是贈高力士千金，請他代聘文士為自己作賦，再上呈玄宗，希望能打動他的心。

可江采蘋忘了，這大明宮早已不是她受寵時的光景。即便是高力士，也無法冒著得罪楊玉環的風險，為她延請文士。

幸好，寵愛會丟，自己的文采卻丟不了。江采蘋倔強心起，親自提筆，洋洋灑灑寫了篇《樓東賦》：

君情繾綣，深敘綢繆。誓山海而常在，似日月而無休。奈何嫉色庸庸，妒氣沖沖。奪我之愛幸，斥我乎幽宮。思舊歡之莫得，想夢著乎朦朧。

唐玄宗讀過《樓東賦》後，雖然對江采蘋心生愧意，卻沒有親自去看她，只命人給她送去了外國使節進貢的一斛珍珠。

人不來，情已了，世人眼中的珍寶於江采蘋看來，不過一縷微塵。江采蘋拒絕了這項賞賜，再次提筆，詩歌立成：

桂葉雙眉久不描，殘妝和淚汙紅綃。長門盡日無梳洗，何必珍珠慰寂寥。

你不來，這珍珠又有何用。這賞賜，我不要了。

江采蘋不會想到，看完詩歌的唐玄宗悵然若失，讓樂府拿去配以新曲歌唱，

名為《一斛珠》。再後來，《一斛珠》變為詞牌名，在李煜、晏幾道等妙手詞家的筆下輾轉，被賦予了永恆的生命。她的故事，也在千載之下變成了傳說。

在很多中國人的心中，大唐王朝是個難以言說的朝代。它曾極度榮耀，又在一夜之間跌得支離破碎。將這一切美好毀滅的重擊，便是安史之亂。安祿山的鐵蹄踏破盛世河山，大唐國祚旦夕間岌岌可危。

「翠華搖搖行復止，西出都門百餘里。」黎明時分，唐玄宗只帶上楊玉環姐妹，以及少量皇子皇孫、近侍重臣，便和軍紀未整的軍隊倉皇出逃，往西南方避去。餘下諸人皆棄之不顧，包括身在冷宮的江采蘋。她並不知道，那個曾經愛寵她的男子，已經拋棄了她的生命。

拋棄一位曾盛寵十年的美人，玄宗的心中是否有過掙扎與不捨，早已無人得知。何況被留下如何，有幸跟隨又如何？那朵嬌豔無雙的大唐牡丹，不也凋零在了一方白綾之下？傾國傾城、夜半私語、指天盟誓，最終換來的，不過是君王掩面救不得罷了。

大唐的牡丹凋零了，那株寒梅也魂飛魄散。

後來戰亂平定，唐玄宗回到大明宮，曾重金懸賞，希望得到江采蘋的蹤跡。

某夜，玄宗做了一個夢。夢中時光流轉，眉眼盈盈的江采蘋，依稀還是剛進宮時的模樣。

她輕啟丹唇，對玄宗說：「當年你走後，我便被亂軍的刀劍所殺，好在有人可憐我，將我埋葬在池塘東邊的梅樹下。如若你還沒有忘記我，便來看看我吧。」

玄宗醒後，趕忙去到夢中所得之處。小心翼翼地將梅樹下的泥土清開。梅妃果然被安放在這裡，一代紅顏草草下葬，肋下還有刀痕，可見臨死還受了極大的苦楚。

紅顏殞沒，權柄蒙塵，玄宗一時間情難自已，放聲大哭。之後，他下令以妃禮改葬梅妃，為她親手寫下祭文後，還讓人在她墓地的四周種滿了梅樹。

落梅如雪，輕盈潔白。風一吹，花瓣紛紛揚揚地落下，恍如夢境。

在這樣安寧的夢境中，江采蘋終於能靜謐地睡去，和自己最愛的花朵一起零落成泥，也算一種成全。

　　不知最後的夢境中，她有沒有憶起那個在自家梅林中淺笑吟詩的自己。那時的她沒有寵愛與失去，沒有摧毀和覆滅，她只是一個不諳世事的小女孩，輕嗅自己最愛的花，笑容明麗，但單純幸福。

　　生命盡頭若可回望，江采蘋於大唐，更像是個過客。

　　她生錯了時代。

　　大唐雍容華麗，氣象萬千，珠翠耀目，羅綺繽紛，是屬於牡丹的時代。縱然偶爾被她這株寒梅驚豔，最終還是拜倒在濃豔的牡丹裙下。

　　也許她該生在宋朝，那個清雅、淺淡、簡潔，人人都追捧梅花的時代。她會遇見知己，一同品賞梅花的風骨；她會被人珍視，小心守護高潔的品格。

　　沒有王朝傾覆，沒有牡丹爭豔。她簡簡單單站在那裡，輕顰淺笑，便值得萬千寵愛。

　　可惜沒有如果。春風無限瀟湘意，欲採蘋花不自由。

　　終究還是不自由。

霍小玉 *HuoXiaoYu*
假如大唐群眾也吃瓜

▶ ▷▷　　　　　　　　◯ 文 / 夜觀天花板　　　　　• •

大唐互娛 V

近日，才子李益@隴西李益的新女友曝光，她是廣陵名姬@營十一娘，驚得玉潤珠媚。這是李益在休掉出軌前妻盧氏@盧氏女後，首次曝光自己的戀情。據知情人士稱，李益對待這次戀情相當認真。

#李益新戀情##李益營十一娘戀情曝光#

來自美人志 meirenzhi.com

坐等後續的吃瓜群眾

| 收藏 | 轉發 162 | 評論 391 | 點讚 2001 |

營十一娘 V

謝謝關注，已分手。

當妳每次和男友約會時，他都要以「我曾經有個前女友，她做錯了一件事，我就用某種辦法把她殺了」的原因恐嚇妳，避免妳出軌，妳分不分？

當妳的男友每次出門前，都要用浴盆把妳倒扣在床上，還要在周圍加一圈封條，妳分不分？

來自美人志 meirenzhi.com

| 收藏 | 轉發 9787 | 評論 4444 | 點讚 2萬 |

熱門評論

大唐吃瓜群眾甲：沒想到李益是這樣的人！不分留著過年？#李益人設崩塌#

回覆 | 👍 1086

李益前侍婢：姐妹分了好。我以前侍奉過李益，他一樣猜忌心很重，曾經拿著一把非常鋒利的短劍和我說：「劍是信州葛溪產的鋼鐵鍛造的，專門斬犯過罪的人的頭！」這些話真是越想越可怕。

回覆 | 👍 860

盧氏女

不是大V，無意佔用公共資源，但覺得這次有必要出來澄清：

李益休掉我已經有一段時間了，但原因並不是我出軌，而是「他覺得我出軌」。#不要你覺得要我覺得#

李益是我的表哥，和我家算是知根知底。他家太夫人當年到我家提親，我爸媽看他年紀輕輕就中了進士，當上鄭縣主薄，就想著他家雖然窮點，但以後前途肯定是好的，於是幫我把這門婚事答應了下來。同一年，我們就在長安結婚了。

婚後某一天，具體日期記不清了，反正是個很熱的夏天，我跟他回到鄭縣。才待了十多天吧，有一天正睡覺，我一睜開眼，他正惡狠狠地盯著我。那眼神真的太可怕了，我一輩子都忘不了。

他説看見帳子上映著個陌生男人的身形，大概二十多歲，儀態溫和美麗，就藏在帳子裡朝我招手。然後他被嚇得趕緊起床，繞著帳子走了好幾圈，卻找不見男子。

反正我覺得是無中生有，但李益從此以後，堅信我和別的男子有不可告人的秘密。他天天懷疑我，對待我的態度也是越來越惡劣。多虧親戚朋友幫我勸解，他才緩和了些。

哪知道又過了十天，我正在彈琴。李益從外面回來，忽然，不知是誰從門口拋進來一個犀牛角嵌花的盒子，方圓有一寸多，用絹紗打著同心結。這盒子剛好落到我懷裡。李益一把就把盒子搶過去打開，只見裡面有兩顆相思紅豆，還有一個磕頭蟲、一個發殺觜以及少量驢駒媚。他當場暴怒，如豺狼虎豹一般怒吼，拿起琴就打我 **#李益家暴#**，非讓我説實話。

可我根本不知道是怎麼回事，不知道是誰在算計我。反正從此以後，李益就經常鞭打我，下手極重，百般虐待。最後他竟惡人先告狀，訴訟到公堂把我休掉了。

今天説了這麼多，就是想告訴@**大唐互娛**，以後李益的新聞請不要帶上我。我和這個人已經沒有聯繫，也不想有聯繫，謝謝。

來自美人志 meirenzhi.com

| 收藏 | 轉發 4萬 | 評論 5萬 | 點讚 12萬 |

熱門評論

李益侍妾11號：支持前主母曝光！主母不知道，妳走後李益更變態了。他對我們的猜忌嫉妒與日俱增，我們還有小姐妹因為這被他殺了的。#**侍妾沒人權#**

回覆 | 👍 2530

我是鄭縣人：博主説的可能是真的，李主薄在我縣任職第十天時，曾請假去東都洛陽省親。

回覆 | 👍 2232

土生土長洛陽娃：盧氏女是我們本地白富美，當年他們那場婚禮花了幾百萬。李益家一直窮得很，為了結婚到處借貸。鳳凰男高攀還這麼作。

回覆 | 👍 1520

大唐吃瓜群眾乙：李益婚前還有個女友啊？誰啊？從來沒聽說過啊！目瞪口呆！求高人速扒！

回覆｜👍 956

敢說真話的李家家丁：唉，其實當時我們家郎君有個相處幾年的女朋友，你們不知道麼？只不過太夫人一向嚴厲固執，郎君回家後看婚約已經定好了，他屁都不敢放一個，乖乖去行禮答謝，約定成婚。盧氏女也是個無辜的，不知情的情況下做了小三。#大唐渣男李益#

回覆｜👍 852

大唐豪俠紫衫客 V

#李益被眾前任錘#既然大家都掄了，也不多我這一錘吧！

李益婚前的確是有女朋友的#李益婚前女友#，那個女人很好，李益負了她。

她的名字，叫霍小玉。她是從前霍王的小女兒，深受父親寵愛，她母親是霍王的愛婢淨持。霍王才死，諸位嫡出兄弟就容不得她，分了些資產，叫她到外面去住。

她姿質美豔，情智高雅，舉止超逸。我一輩子都沒見過像她那樣仙的人，她會音樂，會詩書……沒有什麼是她不精通的。

霍小玉說「易求無價寶，難得有情郎」，托媒婆鮑十一娘@**鮑十一娘－長安說媒**找我尋一位如意郎君。

彼時李益二十一歲，剛中了進士，進京參加拔萃科考試，住新昌裡等複試。那時候他名氣就很大了，有許多膾炙人口的麗詞嘉句。

十一娘將李益介紹給霍小玉，秋鴻@**家僮秋鴻**和桂子@**桂子小婢**也是見證人。

兩人戀愛後，相知相親，仿若翡翠鳥在雲端一樣幸福愉悅，日夜相隨。就這樣過了兩年，李益登科，被授予了鄭縣主簿的官職，四月就要上任。任前他會順路去洛陽探親報喜，小玉那時已經有預感會被拋棄了，但李益讓她別瞎想，承諾到了八月份就會派人來接她。

可是八月、九月、十月……過了夏，過了秋，直到冬天，小玉都沒能等來李益的消息。她每回寫信詢問，都收到李益的虛詞詭辯，拖延敷衍，理由天天不同。霍小玉等待了一年多，甚至去找過巫師來

幫著占卦扶乩，只為求個真相。因為這事，她憂鬱成疾，瘦得不成樣子，然而李益卻「人間蒸發」，在這期間背著小玉成親了。

紙包不住火，霍小玉最終知道了。她既怨且恨，找了所有親友幫忙，千方百計想見李益一面，當面問清楚。但李益竟早出晚歸，故意躲著霍小玉。小玉更加傷心，日夜哭泣，飯都吃不下了。她連著憤恨了好些日子，終於被氣倒了。

我為小玉抱不平，得知李益在崇敬寺賞牡丹，就帶著胡人小童去了。李益這個勢利眼，看我的穿著和排場不凡，就表現得客客氣氣的。我騙他說，我是外戚的姻親，家就在這附近，早就仰慕他的才華，今日見著了，說什麼也要請他去家裡坐坐。李益在聽到我說家裡有私人樂隊和歌妓後，就答應了。於是我帶他去了勝業坊。

李益心裡有鬼，一到坊門口便怕了，推託有事想回去。我哪會放過他，拖著拽著，送到霍小玉家，大聲告訴他們李十郎來了！

接著，我便瞧著小玉顫巍巍地走了出來。她病了太久，風輕輕一吹，仿佛就會把她虛弱的身子吹走。她含怒凝視，唇抿了再抿，始終說不出一個字。最後，她回頭掩面，這幅場景看得我心如刀絞。

我深吸了一口氣，命僕人端了十幾盤酒菜進去，給他倆佈置好重逢宴。小玉側著身子，一雙眼膠在李益身上良久，而後舉杯澆地，述說自己紅顏薄命，遇著負心郎，年紀輕輕就要含冤九泉。如今不但供養慈母不能，還要永遠拋棄自己擁有的那些綾羅絲竹。

小玉一手抓住李益手臂，一手將酒杯投擲地上，我永遠記得她的高呼：「李君李君，今當永訣！我死之後，必為厲鬼，使君妻妾，終日不安！」

然後她就去了。

#女神死不瞑目#

來自美人志 meirenzhi.com

| 收藏 | 轉發 42萬 | 評論 6萬 | 點讚 30萬 |

熱門評論 ——————————————————————————

 大唐吃瓜群眾丙：這錘太重了！不會是編故事吧？

回覆 | 👍 5620

唐朝貴公子：真的假的啊？我怎麼不知道前霍王有這麼個女兒？

回覆｜👍 4335

鮑十一娘—長安說媒找我V：確認屬實。李益自詡風流，遍尋名妓，未能如願，因此來找老身。老身當時幫他說媒，一來是見其門第清貴，有不少前輩為他背書；二來，他的態度十分誠懇，老身幫他，絕對不是因為他送了豐厚的禮物。老身把霍小玉介紹給他後，他拉著老身的手，不住感謝……唉，老身也是被李益坑了！

回覆｜👍 3621

玄機女道士：您有兩句詩給版權費了麼？

回覆｜👍 2545

錢三娘扒皮：呵呵，這年頭鮑十一娘都出來洗白啦？這人當初是薛駙馬家的婢女，如今被贖了身子，嫁作人婦，便專給長安城的皇親國戚、富家富豪做媒，不知坑了多少好姑娘。

回覆｜👍 2082

家僮秋鴻V：唉，我始終記得我家郎君和霍娘子的初遇。那天鮑十一娘剛走，郎君便吩咐我去他的縱兄——京兆參軍尚公那裡借青黑馬和黃金馬籠頭（申明，郎君借裝備是尊重霍娘子，不是沒錢還要炫富）。晚上，郎君沐浴更衣，把自己打扮得儀表堂堂。他高興得手舞足蹈，整夜沒睡著。天剛濛濛亮，郎君就開始試頭巾。他反覆照鏡子，一直糾結該戴哪一頂。這一猶豫就到了中午，郎君急忙乘馬趕去勝業坊。霍娘子就住在坊裡的古寺巷，剛進巷口，那個有車門的宅子便是她家。她家庭院間有四株櫻桃樹，西北角掛著一個鸚鵡籠。鸚鵡瞧著我家郎君進門，開口便說人話：「有人進來，快快放下簾子！」莫說我家郎君生性雅靜，驚訝得不敢向前，連我都既疑且懼。

回覆｜👍 1680

桂子小婢V：我來了！我也記得！當時我奉命在門口等候，看見一位俊俏郎君策馬近前，我迎上去，問道：「莫非是李十郎？」李益跳下馬，讓我把馬牽進後屋，自己則急急鎖上門。鮑十一娘當時也在我們家，瞧見李益，還笑他冒失。

回覆｜👍 985

大唐豪俠紫衫客 V

有很多人質疑我上一條。呵呵，我寫的每一個字都可以用人格保證。

我在這裡統一回覆：首先，是因為霍小玉的兄弟們容不下她，不僅把她趕出來，還逼迫她改姓為「鄭」。所以大多數百姓不知道霍王有這麼個女兒。此外，霍小玉的多情、李益的薄幸都是千真萬確的。長安許多豪傑俠客，風流郎君都陸陸續續聽說過這件事。我那天去崇敬寺找李益，一開始偷偷跟蹤他，聽見他的朋友正因為這事譴責他。如果沒記錯的話是這位@愛民如子韋夏卿，京兆尹大人不僅愛民如子，於私也秉持正義。

來自美人志 meirenzhi.com

| 收藏 | 轉發 34萬 | 評論 9萬 | 點讚 51萬 |

熱門評論 ────────────────────

愛民如子韋夏卿V：紫衫客丰姿儁美，為人任俠，本官自歎弗如。那年三月，本官約了幾位朋友一道賞花。大家漫步西廊，競詠詩句，只見風光秀美，草木繁茂。本官那時突然想鄭家姑娘還含冤獨守在空房中，便將李益罵了一頓。本官不希望看到自己的好朋友這樣狠心。說來，鄭家姑娘竟然是王女啊！

回覆 | 👍 3560

李益表弟崔允明

我這個帳號平時用得不多，後臺還在認證，但資料已經提交給客服了。我是崔允明 —— 李益的表弟。那個向小玉姐透露李益婚訊的人，是我。因為我實在是看不下去了！

前些年我經常和表哥一起在小玉姐家聚會。大家吃喝談笑，互相關系都很好。坦誠講，小玉姐經常拿些柴草、衣服接濟我，受過她許多恩惠，我很感激。

後來他背棄盟約，想斷絕小玉姐的希望，便囑咐了所有親友不可以向小玉姐洩露他要結婚的事。

更可惡的是，這個時候盧氏女其實一直在長安。她跟小玉姐住得不遠，兩個人互相並不知道對方的存在。李益後來跑回長安，為了和盧氏成親，他特意換了一處幽僻的房子，就是怕小玉姐知道。這事兒幹得太不厚道，我就把他揭發了！

來自美人志 *meirenzhi.com*

收藏	轉發 4028	評論 0	點讚 7210

該用戶已關閉評論

大唐延光公主 V

沒想到吃瓜吃到熟人！

霍小玉急切尋訪李益消息，花光了資財，不得不讓婢女偷偷典當衣裳首飾。那些東西多數都買給了西市當鋪侯景先家。

某回，我家老玉工正好遇著霍小玉的婢女浣紗來當物件，老玉工看出來浣紗手中的紫玉釵是他做的——那是霍王小女及笄之物，當時光人工費就花了一萬錢。於是老玉工忍不住追問原由，這才知道顯貴的霍王之女竟失身於人，而且夫婿李益去了洛陽就再無消息。霍王之女積鬱成疾快兩年了，卻依舊讓浣紗把紫玉釵當了，好拿錢繼續打探李益的消息。

老玉工年事已高，看到這種盛衰變化，也忍不住難過，便將浣紗帶到本宮府上，與本宮詳細說了這件事。本宮都聽哭了，送了她十二萬文。

沒想到現在又吃到這個瓜，本宮仍舊忍不住悲歎，真是癡情女遇上薄幸男啊！

來自美人志 *meirenzhi.com*

收藏	轉發 3萬	評論 2萬	點讚 9萬

熱門評論

 大唐豪俠紫衫客V：多謝公主殿下作證！

回覆 | 👍 3742

浣紗小婢V：@桂子小婢@櫻桃小婢快來看，公主殿下為我們家娘子伸冤了！

回覆 | 👍 2580

 侯景先當鋪V：霍小玉的確在我這賣了很多二手貨。各位小娘子引以為戒，遇上同樣的情況，不要再當自己的寶物，要當就當渣男。不對，二手渣男本當鋪不回收，建議直接扔垃圾桶……

回覆 | 👍 1260

 常年蹲大唐瓜田：瓜多得我快吃不下了……「夫婿李益」？好像發現了新的關鍵字。

回覆 | 👍 670

櫻桃小婢 V

看到越來越多的人幫我家娘子説話，我們都很感動。

我家娘子早就傾心李十郎的風流才情，經常吟誦他的詩句，比如「開簾風動竹，疑是故人來」。

後來李益到來我們家，見我家娘子容貌俊秀，才情名不虛傳，便動了心。我家娘子也對他一見鍾情。兩人勸酒、唱歌，當晚便住到一起。李十郎説，「小娘子愛才，鄙人貪色，互相映襯，才貌兼收」。

李十郎還説：宋玉遇到巫山神女，曹植遇到洛水女神，都比不過他遇到我家娘子。

在我家娘子香逝的前一天晚上，她夢見紫衫客抱著李益前來，到了床前讓她脱鞋。小娘子醒後，把夢告訴了大家，説鞋就是諧，夫妻會再次會和。脱就是解，相見便要永別。她很快就能和李益見面，見面之後，她就要死了。

夫人和我們都讓娘子不要多想，只當她是久病導致神智紊亂。為了讓娘子精神些，我們還替娘子梳妝打扮。剛打扮完，李益果然來了。本來娘子纏綿病榻，連轉身都需要人幫助，聽説李益來了，飛快自個兒下床，換了衣裳走出去。之後，她與李益在筵席上交談，一舉一動皆如迴光返照一般。

到最後，娘子力竭而亡，夫人抬起她的屍體放到李益懷裡，讓他呼

喚她，可娘子再也無法醒來。

來自美人志 meirenzhi.com

| 收藏 | 轉發 11111 | 評論 6219 | 點讚 2萬 |

熱門評論

 常年蹲大唐瓜田：見面第一天就過夜？巫山洛水那都是邂逅啊！李益就沒想過長久吧！又一不小心發現了關鍵。

回覆 | 👍 2650

 櫻桃小婢V：我家娘子本來清楚李十郎是見色起意，一旦年老色衰，就會秋扇見捐。是李十郎口口聲稱對我家娘子是愛情，許諾「粉身碎骨，誓不相捨」，還讓我拿來筆墨細絹，寫成文句，用山河日月作比，真心可見，娘子這才一步步愈陷愈深。

回覆 | 👍 1625

 浣紗小婢V：那年春末夏初，大夥給李益辦離開長安的餞行宴。我家小娘子再次提到，他這一去前程似錦，肯定會由父母做主，聘娶一位名門望族的正妻。她只求李益能再給她八年十年，到他三十歲，再把她拋棄。到時候，娘子無怨無悔，剪長髮，斷情思，披黑衣，絕愛戀，一生歡愛，願畢此期。是李益對娘子發誓，讓她別多想，自己無論生死都會守信，跟她白頭到老，她只用一心一意在家等他就夠了。

回覆 | 👍 1543

 李益表弟崔允明：明明是表哥的一再承諾誤導小玉姐，他自己卻背信棄義玩失蹤。得知小玉姐重病，乾脆狠心割愛！

回覆 | 👍 981

 ## 隴西李益 V

雖然我有難處，但我對霍小玉的一顆心是真的，誓言也是真的！

永遠記得，第一次見小玉的樣子。

她從堂東閣子裡出來，對我盈盈一拜，那一刻我覺得滿室皆是瓊林玉樹，互相照耀，光輝奪目。

她死後我依然不能忘情，我為她穿上白色喪服，從早到晚悲泣。在

她下葬的頭天晚上，我忽然又看見她。她就在那靈帳之中，容貌妍麗，看起來與活著的時候別無二致，穿著石榴裙和紫色罩袍，胳膊上鬆鬆搭著紅綠帔子。她斜靠著靈帳，修長的玉手攬著袖帶，哽咽著說「愧君相送，尚有餘情」。

她對我下了那麼惡毒的詛咒，心裡應該是有愧的。

而我卻不一樣，我依然愛著她，在墓地嚎嚎大哭。直到後來和別人成婚，我依舊睹物傷情。可她的詛咒一直縈繞在我耳邊，不放過我，導致我婚姻不順。她這一番所作所為真是恩將仇報。#十郎依舊愛小玉##尋解詛咒高人#

來自美人志 meirenzhi.com

| 收藏 | 轉發 22萬 | 評論 2 | 點讚 23 |

由於用戶設置，你無法回復評論。

 崔允明的小號：表哥你怎麼把我大號拉黑了？

回覆 | 👍 10

 愛民如子韋夏卿V：吐了，互相取關吧。

回覆 | 👍 6

大唐八卦剪報

文 / 顧閃閃

突發！

知名女星關盼盼在家自盡，
原因竟與他有關

ZHI MING NV XING GUAN PAN PAN ZAI JIA
YUAN YIN JING YU TA YOU GUAN

NO.1

　　昨夜，已故工部尚書張愔妾侍、才女關盼盼在臥室內暴斃，死因為自殺。

　　此前，關盼盼居住在雲龍山麓的燕子樓上，為亡夫守節，十餘年不嫁。薄命紅顏香消玉殞，引得無數人為之傷感歎息。

　　今早，有扒皮號放出消息，宣稱關盼盼乃是被「見說白楊堪作柱，爭教紅粉不相隨」這一句詩活活逼死，並將矛頭直指該詩的作者白居易，指出他字裡行間

都在利用輿論，逼迫關盼盼為張愔殉葬。

白居易發言人表示：「此傳言並不屬實，早前白公在張愔的宴上，確與關盼盼有過一面之緣。白公始終欣賞並尊敬著她，並贈送了『醉嬌勝不得，風嫋牡丹花』這樣讚美的詩句。但兩人並不是很熟，逼死關盼盼一事更是純屬虛構，以上言論乃是對白公的中傷和抹黑，我們將保留追究其法律責任的權利，並在必要時訴諸衙門。」

勁爆！

公主與高僧牽扯不斷，皇室醜聞將如何收場

GONG ZHU YU GAO SENG QIAN CHE BU DUAN,
HUANG SHI CHOU WEN JIANG RU HE SHOU

前線記者冒死為您帶來最新報導。今天，是高僧辯機腰斬的日子，行刑場面極為慘烈。辯機之死，也宣告這場震驚長安政界的驚世醜聞正式落下了帷幕。眾所周知，辯機和尚曾隨玄奘法師編撰《大唐西域記》，其人俊秀英颯，器宇不凡，志存高遠，一心致力於佛法，修為高深；而高陽公主更是金枝玉葉，已下嫁邢國公之

NO.2

子房遺愛。這樣的兩個人如何糾纏到一起？目前沒人能給出準確的答案。

　　據傳，高陽公主是在狩獵途中與辯機和尚相識的，二人相愛後，公主還送給辯機一個御賜的金寶神枕作為定情信物。沒想到陰差陽錯，這個金寶神枕竟意外被盜。盜賊被捕後，老實地交代了枕頭的來路，辦案人員敏銳地意識到儉樸的辯機不可能有這種貴重之物，奉旨追查，事情的真相才漸漸浮出水面。

　　目前，公關部門正在全力封鎖消息，恐怕對此事的報導將到此為止了。不過在此之前，我們有幸採訪到了當事人高陽公主，高陽公主面容倔強，自言無悔改之意。當記者問及今後如何修復與今上的父女關係時，高陽公主冷笑道：「從沒想過修復。」

人設崩塌？

清官韋應物發文自訴
早年不齒經歷

QING GUAN WEI YING WU FA WEN ZI SU
ZAO NIAN BU CHI JING LI

　　清正愛民、被尊稱為「韋蘇州」的詩人韋應物近日發文，承認早年曾有過一段難以啟齒的「黑歷史」。

　　他坦言，自己少年時曾仗著家世顯赫，橫行鄉里，無惡不作。「身作

NO.3

裡中橫，家藏亡命兒。朝持樗蒲局，暮竊東鄰姬。司隸不敢捕，立在白玉墀。」
（《逢楊開府》）

此文一發，便在朝野引起軒然大波，許多詩粉都哭訴自家牆塌了。

不過，還好安史之亂後，韋應物便洗心革面重新做人。他的許多親友也力證，韋應物確實是改變了，更有知情人士透露，玄宗皇帝入蜀後，韋應物失魂落魄，流落在外，絕食幾日後，終於大徹大悟，從零基礎開始讀書，立志報效國家。

在強大精神力的支撐下，韋應物進步驚人，竟從無所事事的文盲蛻變成為了一名能與王維、孟浩然並稱的傑出詩人，寫下了「獨憐幽草澗邊生，上有黃鸝深樹鳴」這樣的傳世佳句。

他為官一方，勤勤懇懇，即便自己身患重病，還憂心百姓田地，自責沒有盡到地方官的職責。如今他的辛勤和汗水也得到了當地百姓的尊敬與感激，可歎浪子回頭金不換。

男神收割機李冶：

只要保養好，男友在趕考

ZHI YAO BAO YANG HAO NAN YOU ZAI GAN KAO

沒有人可以永遠年輕，但李冶的男朋友可以。

李冶，何許人也？玉真觀中女道士。你要是覺得女道士都是清湯掛麵一般的氣質，那你可就大錯特錯了，

NO.4

李冶的原則是：大膽撩漢，永不止步。歲月一天天流逝，李冶的男朋友卻換了一茬又一茬，並且一個比一個的有名、有顏、有氣質。茶聖陸羽為她煮過茶，才子劉長卿為她吟過詩，就連不染塵俗的高僧釋皎然也曾在她的熱烈追求下心旌搖動，無數名士爭相拜倒在她裙下，乃至於她的豔名與才名竟驚動了當今皇帝。或許在他人的眼中，李冶是一個純粹的「渣女」，但與她交往過的那些大人物卻都對她讚不絕口，也許這正是她的魅力所在吧。

　　沒有人知道李冶戀情的終點在哪裡，也許對她來說，最好的戀人永遠是下一任。當被問到駐顏祕訣的時候，李冶笑稱：「才情是女人最好的保養品。」

震驚！

夫人當場飲下御賜毒酒，
陛下和房大人都傻眼了

FU REN DANG CHANG YIN XIA YU CI DU JIU
BI XIA HE FANG DA REN DOU SHA YAN LE

NO.5

　　近日，我朝某位房姓大臣內宅發生了重大家庭糾紛，場面雞飛狗跳，轟動了京郊四鄰。據爬牆圍觀者透露，房夫人拳腳俐落，對房大人進行了由點到面的毆打，並直接將房大人

帶回的兩位御賜美人趕出了大門，絲毫不留情面。為了保護當事人隱私，我們對其姓名進行了打碼處理。

不願透露姓名的房大人：「這個妾我說我不想納……陛下偏讓我納。」

今日下朝後，今上與房夫人就是否讓房大人納妾一事，進行了嚴重爭執。甲方（今上）認為，尋常人家男子三妻四妾都是尋常，更何況房官至宰相；乙方（房夫人）則表示：「你很多事誒！除非我死掉啦，否則他納妾想都不用想，腿兒給他打折掉了啦。」

最終，今上盛怒之下，勒令房夫人在以下兩種結果中做出選擇：要麼，將兩個美人領回去；要麼，這有一壇毒酒……

房夫人拿起毒酒，眼睛眨都沒眨，仰頭就給悶了。

房大人目瞪口呆。

隨後房夫人臉色急變，轉身就開始吐。房大人抱住妻子嚎啕大哭：「夫人，你這是作甚？你不要丟下我啊……」還沒哭上幾聲，就覺鼻端酸酸的，英明多謀的房大人這才意識到，原來壇中的並不是毒酒而是醋，這只是今上的一個玩笑。

總的來說，房大人夫妻的感情還是很好的，對於這次事件，大家怎麼看呢？不知道＃吃醋＃這個詞條會不會登頂年度關鍵字？讓我們拭目以待吧。

當朝愛豆
排行榜

●文/夜觀天花板

　　近日，在本刊舉辦的「大唐最受歡迎男神」排行活動中，有數萬大唐小娘子們踴躍參與投票。令人意外的是，讓我們大唐公主都迷戀上的男神王維竟三甲不入，而有「大唐第一癡情男」之稱的元稹也只是屈居第三。這不禁更讓人好奇，冠軍會是誰呢？

　　快來看看公佈的最新榜單吧！你家愛豆有沒有進榜、名次有沒有上升呢？

李白

守護值：309812

點擊關注 ＞　　　私信

── FENSIBANG 粉 絲 榜 ──

杜甫〔鐵粉〕〔李白超話明星大咖〕：

　　我家李白大大最棒！日常洗版閉眼誇！「筆落驚風雨，詩成泣鬼神。」──
《寄李十二白二十韻》；春天來了，給我家大大打榜─《春日憶李白》；冬天下雪，不
禁想起我家大大 ──《冬日憶李白》；今天做夢也夢到大大了 ──《夢李白二首》；
大大被流放了，我好擔心啊─《天末懷李白》。雖然僅僅在年輕時見過大大兩面，
但我這一生都忘不掉大大的容顏！

孟浩然〔李白超話明星大咖〕：

　　可惜太白只愛我，「吾愛孟夫子，風流天下聞」。杜拾遺，你終究是錯付了……

唐玄宗〔黑粉頭子〕〔反李白超話主持人〕：

唉，想當年，朕追李白追得多誠心。他進宮那天，朕可是親自步行迎接，賜他七寶床與朕面對面吃飯，親手給他調羹……唉，過去的事不說了！後來他也太目中無朕了，醉酒不朝，高力士他們都給朕發李白的扒皮貼，久而久之朕疏遠了他。這些年，他在外地寫的詩朕都讀了，如果他肯回來……

魏顥〔私生粉〕〔李白超話粉絲大咖〕：

作為李白大大頭號私生粉，我對大大的愛慕，就像司馬相如傾慕藺相如，王子猷欣賞戴安道。不過王子猷訪戴安道，是乘興而至，盡興而歸，始終沒打擾戴安道。我就不一樣了，我崇拜李白大大，從王屋山追到天臺山，在沒有飛機高鐵的年代，從河南跋涉到浙江，我容易嗎？最後我一直追到揚州，才終於見到我的偶像。大大不僅給我簽了名，還送給我一首《送王屋山人魏萬還王屋並序》，這可是屬於我的專屬禮物哦！我已將多年追星的行程寫成《李翰林序》，包括大大進京出京的原因哦！我上頭的那位，你要不要讀一讀？

崔顥〔路人黑〕〔反李白超話簽到〕：

樓上，你原來叫魏萬，為什麼改名魏顥？這對比的微妙感，似乎你家大大的《登金陵鳳凰台》與我的《黃鶴樓》，也是這種對比……咳、咳！

高適〔粉轉黑〕：

作為杜甫的兄弟情好友，我之前被安利了李白大大，和他關係還不錯，還曾「醉眠秋共被，攜手日同行」。可後來我和他終究形同陌路。他向我寫了一篇《送張秀才謁高中丞並序》求援，我卻對他愛理不理，讓他高攀不起。這到底是怎麼了？我想，大概都是安史之亂的錯……

楊貴妃〔曾經的女粉〕〔反李白超話簽到〕：

我拿你當偶像，你拿我當女神。我發你好人卡後，你寫「借問漢宮誰得似，可憐飛燕倚新妝」是什麼意思？

杜甫
守護值：187333

點擊關注 > 私信

流量作品　《望岳》《春望》「三吏」「三別」

上榜理由　杜甫被稱為「詩聖」，是現實主義不浪漫詩人（雖然他的偶像是浪漫派NO.1）。

——— FENSIBANG ———
粉　絲　榜

高適〔壕粉〕〔杜甫超話明星大咖〕：

　　作為杜甫打賞榜第二名，我給他刷的火箭從來沒斷過。嚴武死後銷號，杜甫轉頭就來投奔我了。放心，雖然對於李白，我粉轉黑，但我是杜甫這一生的粉絲，不離不棄！子美放心飛，高適永相隨！

張籍〔鐵粉〕：

　　我只不過是把杜甫大大的周邊詩集燒灰拌蜂蜜，做點美食，泡點水喝，你們就說我是腦殘粉？

嚴武〔一粉頂十黑〕〔杜甫超話主持人〕：

作為一名殺人少年（8歲時把老爹的小妾錘死了）、奪命青年（引誘鄰居小姐姐私奔，然後把她勒死拋屍）和暴戾中年（山高皇帝遠的劍南節度使，曾帶兵大勝吐蕃），大家都不希望看到杜甫有我這個粉絲。你們的李白大大，諷刺我是「磨牙吮血，殺人如麻」的毒蛇猛虎，讓大家「錦城雖雲樂，不如早還家」。呵呵，我偏要把杜甫留在成都，讓他做幕僚，推薦他做工部員外郎。「杜工部」的名號都是因為我才得來的！哼，偏要你們天天看到我支持杜甫！說起來，我脾氣不好時，連偶像都殺！不怕你們知道，杜甫有一回迎接我時沒戴帽冠，還有一回直呼我父親的姓名……這些都讓我對他起了殺心，不過我最終也沒殺他。我死時，杜甫哭得很傷心，還給我寫了首《哭嚴僕射歸櫬》，畢竟我是粉絲打賞榜第一名。

王維〔出道同期生〕：

我可不是同行相輕，只是想提醒一句，西元758年的詩詞大會，杜甫拿倒數第一名的事大家還記得嗎？（順嘴一提，大會第一名寫的「九天閶闔開宮殿，萬國衣冠拜冕旒」是真驚豔啊！）

匿名杜甫超話粉絲：

我和樓上那位一樣，都是先粉上美食博主杜甫，後粉上詩人杜甫。「碧鮮俱照箸，香飯兼苞蘆」，來個涼拌時蔬！「鮮鯽銀絲膾，香芹碧潤羹」，這可真是米其林級別的精緻佳餚！「化蓴絲熟，刀鳴膾縷飛」，杜大大筆下肥魚究竟有幾種做法？「沈浮亂水玉，落刃嚼冰霜」，最後來吃個瓜吧……

元 積
V
守護值：105210

點擊關注 ＞　　　私信

流量作品　《離思》《遣悲懷三首其二》

上榜理由　元積是新樂府KOL。身為鮮卑王室後裔的他擁有混血顏值，以癡情人設吸引眾多女粉。

—— FENSIBANG 粉 絲 榜 ——

白居易〔元積超話主持人〕〔新樂府KOL〕：

　　我身為大唐詩歌流量TOP 3，大號親自上線，給我的好兄弟元積拉流量。來，我的粉絲們，賣炭翁、琵琶女，甚至貴妃娘娘……都粉一下元積啦！把他的排名再往上提一提！我在這裡要強調一下，雖然元積對我「垂死病中驚坐起」（《聞樂天授江州司馬》），我卻做夢都夢到與他同遊，「君埋泉下泥銷骨，我寄人間雪滿頭」（《夢微之》）；雖然我們有「金石膠漆」的三十年情意，他死了我也不願意獨活，但我們「元白CP」是清清白白的封建主義兄弟情！你們不要腦補！我是有樊素小蠻的人！元積有韋叢崔鶯鶯薛濤……唉，唉，元積你怎麼把我的麥掐掉啦？！

韋叢〔老婆粉〕:

我是元稹的妻子,太子少保的女兒。我下嫁元稹時,他只是一個剛剛高考落榜的窮二代,但我很看好他。後來他果然拜相了 —— 不過那時候我已去世許久,但老公始終記得我們恩愛的時光,他說「曾經滄海難為水,除卻巫山不是雲」,他說「惟將終夜長開眼,報答平生未展眉」! 元稹,雖然我在和你共度的七年時光中,都一貧如洗,但我甘之如飴!

劉采春〔女友粉〕〔大唐影后〕:

韋姐姐,我懂妳。與元稹初相識時,我在紹興演戲,萬人空巷;他身為父母官,亦來觀看。他給我寫影評,是我的粉絲,而後,我們轟轟烈烈地墜入愛河。並在浙江相愛相守了七年。雖然最後無疾而終,但我永遠忘不了他寫給我的《贈劉采春》。

薛濤〔女友粉〕〔大唐女愛豆 薛濤箋品牌創始人〕:

本人大概是唯一一個比元稹年紀大的前女友? 我還大了他十一歲! 雖然我們也是以分手收場,但我同樣忘不了他,尤其是他寫給我的那首《贈寄薛濤》。想他的時候,我會在心裡反覆默念這首詩。

崔鶯鶯〔女友粉〕:

韋妹妹,薛姐姐,劉妹妹,都醒醒吧! 寫幾句詩就能立住深情人設啦? 我是元稹上京前的初戀女友啦,想來我也是白富美,只是沒有權勢。鳳凰男想做官,就找著韋妹妹啦! 妳們耗盡青春,特別是韋妹妹,還搭上了女方的家業為他鋪路,值得嗎? 不過我也沒好到哪兒去,元稹把他和我私會的經歷寫成《鶯鶯傳》,後世 2.0 版本就是《西廂記》。我和他的那點事兒被曝光了一千多年,慘不慘?

王 維

守護值：99002

點擊關注 >　　私信

| 流量作品 | 《相思》《山居秋暝》《送元二使安西》 |
| 上榜理由 | 王維是佛系始祖（詩佛），還是大唐山水田園博主。他的作品充滿畫面感，可謂「詩中有畫，畫中有詩」。 |

— FENSIBANG 粉 絲 榜 —

裴迪〔王維超話主持人〕：

　　自從王維買下宋之問的輞川別業後，我就和王維同居在別業裡 —— 咳咳，是共同居住。我倆看星星看月亮，從詩詞歌賦聊到人生哲理，他寫《竹裡館》，我寫《竹裡館》；他寫《鹿柴》，我寫《鹿柴》。我們還把詩歌整理成《輞川集》聯合出版，單身野狗都不敢闖進來。我倆的兄弟情，好得不需要顯微鏡就能看出來。他對我說：「常憶同攜手，攜手本同心。」（《贈裴迪》）。後來我離開別墅，回到家鄉。到了春天，他還給我發訊息，問「倘能從我遊乎」。這便是我倆的「陌上花開緩緩歸」。

孟浩然〔王維超話粉絲大咖〕：

我發現本人參與的超話真多，嘿嘿，誰叫大家都「愛」我呢？「王孟CP」也是有名的。我和王維大大的詩唱和過不少，什麼《留別王維》、《哭孟浩然》……不過我印象最深的，是有一年我高考落榜，王維給我寫了首詩。他在詩裡勸我科舉當官套路深，太辛苦，不如回家種田。要不是因為我知道他是高考狀元，我真的要信了。

晁衡〔王維日本後援會會長〕：

作為一名日本留學生，我非常崇拜王維大大。當我要回國時，大大還擔心海上風大，我會旅途不順，還給我寫了一首《送祕書晁監還日本國》。順嘴一提，我也是李白日本後援會的會長，我還給他送過應援的衣裳。李白大大比王維大大反應更強烈，他直接以為我沉船死了，很是傷心，還寫了一首《哭晁衡》。後來我又活蹦亂跳出現在長安，謠言才不攻自破。

玉真公主〔緋聞女友〕：

有人說，王維高考想走捷徑，以藝術生的名義給本宮唱了首《鬱輪袍》，我就給他開後門保送了。這……本宮有權保持沉默。還有人說，本宮和王維有不純潔的男女關係；還有人說，李白跟本宮也是這種關係。難道李白和王維與我身為同時代的人，就不能和我唱和？ 無稽之談！ 你們等著收律師函吧！（PS：#王維 公主 李白#的熱搜怎麼還沒降下去？ 本宮水軍白買了？！）

安祿山〔大燕經紀公司CEO〕：

都說王維轉會到我司後，口碑一落千丈，掉粉掉得厲害？ 粉絲還怪我坑了他？ 拜託，他以前的那個大唐經紀公司，CEO玄宗都跑路了好麼？ 他在那兒的待遇根本比不過在我司！ 什麼，你說王維來我司後非常委屈，天天鬧著要解約？ 這倒卻有其事，他還寫了首《凝碧池》，說「百僚何日再朝天」。哼，肅宗繼承家族企業後，他果然跑回去了。

温庭筠

守護值：32007

點擊關注 ＞　　私信

流量作品　《商山早行》《過陳琳墓》《蘇武廟》

上榜理由　温庭筠的辭藻華麗，穠艷精緻，是花間派創始人，擅寫女主視角詩詞。他還是大唐高考工具人。

FENSIBANG

粉 絲 榜

令狐絢〔反温庭筠超話主持人〕：

　　温庭筠這個人，老陰陽師了。他原本約定為我代筆二十首《菩薩蠻》，我前腳獻給陛下，他後腳就說都是他寫的。陛下問怎麼對「金步搖」，我對不出來，他張口就來「玉脫條」，還說「玉脫條」取自南華經，並不是什麼冷僻的書，勸我多讀點書？他還特意說一句「中書省裡坐將軍」，言下之意是怪我這堂堂大唐丞相，像個沒文化的武將！他還賣慘說我欺負他，使他落第，連作「因知此恨人多積，悔讀南華第二篇」、「終知此恨銷難盡，辜負南華第一篇」來污蔑我！要不要這麼綠茶啊？温庭筠，我一生之敵！

李商隱〔溫庭筠超話明星大咖〕〔「溫李」CP當事人〕：

雖然當年就是因為你約我去長安旅遊，我的初戀女友才會另嫁他人，但我不怪你，誰叫我們是一個團（婉約派）的呢？我哭著給你寫的那首詩——《聞著明凶問哭寄飛卿》，你收到了嗎？對了，我的另外一個CP——「小李杜」中的杜牧，他說很欣賞你，想面基一下，地點時間我發給你了，收到回個訊息。

魚玄機〔女友粉〕〔大唐女權KOL〕：

老師，我都不嫌你醜了，你怎麼還不喜歡我？初戀被拒也就算了，你怎麼還把我推進李億那個火坑？沒有你，也許我不會變成現在這副模樣……

大唐考生甲〔鐵粉〕：

溫大大是我們全體大唐考生的偶像。大唐高考，會給每個考生發三根蠟燭，蠟燭燃完時，要完成八韻的詩賦。這麼點時間對於普通人來說根本不夠。但偶像竟然能不打草稿，信口吟誦，成為「溫八吟」。他一叉手即成一韻，八叉手即能寫完交卷，因此又被稱為「溫八叉」。可惜因為奸人作梗，大大年年落榜，所以只能年年高考。不過也多虧了這樣，臨鋪的考生都不需要自己答卷，溫大大都能在一邊指教代筆。後來他身為「槍手」的名氣大了，考官單獨給他搬個小板凳，讓他在獨立考場裡答題。但上有對策，下有大大口授傳答案。跟著偶像走，考場九十九！我們這些通過大大的幫助入仕的，一定不會變成令狐綯這樣的人！守護最好的筠筠！

休閒娛樂
時尚影音

XIU XIAN YU LE SHI SHANG YING YIN

CHAPTER THREE

第三章

YingYin

公孫大娘

文/顧閃閃

個性簽名

衣飾琳琅，
盡展盛唐舞動之美

職業

大唐首席劍舞藝術家

ID

@別愛我沒結果
除非劍舞跳過我

坦領上襦：
大方秀出絕美好身材

　　公孫：姐妹們，時代變了！ 不必再遮遮掩掩，是時候大方露出蛐蟣美頸了！

　　與傳統的交領不同，坦領更類似於胡服，胡服的特點我們都知道 ── 舒服！

　　不過這種服制在包容的我朝流行開來後，也染上了盛世的特色，變得更加典雅和精緻，成為宮廷常服的指定款式。

　　坦領與半臂搭配，是盛唐最潮流的上襦設計。布料選用紗羅，點綴刺繡，不但顯臉小、顯脖子長，穿著者還能大膽露出鎖骨和雪膚，盡情展現好身材。如果你覺得穿坦領脖子空蕩蕩，那麼請繼續往下讀。

瓔珞：
華麗！誰說「佛系」就是荊釵布裙？

　　公孫：拜託各位達官貴人下次炫富時，能不能別再拿些釵環耳墜出來顯擺？人家真正的豪門現在都流行佩帶瓔珞。

　　說起來，這寶貝還是天竺舶來品，戴在脖頸上的被稱為「瓔」，戴在身上的被稱為「珞」。最高端的瓔珞，往往採用那些你見都沒見過的原料製成。由金、銀、頗梨、琉璃、硨磲、瑪瑙、珍珠串連成的「七寶瓔珞」就是其中代表。

　　除此之外，還有雜寶瓔珞、摩尼珠瓔珞、如意珠瓔珞等，光是所用珠寶的量就讓人咋舌。走起路來，丁鈴噹啷都是錢的聲音，望之令人目眩神迷，堪稱奢侈品中的奢侈品。

　　早期經玄奘法師安利後，瓔珞就小小地火了一把；加之「皇家梨園歌舞團」全力推廣，如今可算是爆品了。小女子曾有幸在興慶宮觀賞過一次歌舞：一曲舞罷，滿地都是瓔珞散落的珠翠，陛下和貴妃娘娘連眼皮都不低一下，可能這就是真正的「壕」吧！

染甲：
精緻麗人，就是要從頭美到手指尖

公孫：瓔珞太昂貴，妳消費不起？沒關係，教妳一個辦法無成本變美！

妳只需要準備鳳仙花一叢，將它的花瓣放在石臼中細細搗碎，再用絹帛布料將其敷於指甲上。如此三四次，妳就可以擁有楊貴妃同款美甲啦。染過的指甲色若胭脂，不僅嬌豔亮麗，更能襯得手部肌膚細嫩，十指纖纖。不管妳是平民少女、還是名媛貴婦，都可以瞬間擁有這樣的染甲！不過行動晚了，可能就採不到鳳仙花了喲。

走進「梨園有你」總決賽

文／夜觀天花板

　　各位長安百姓好，相信最近大家固定的週末活動都是看「梨園有你」吧？這個節目幾乎洗版了所有長安人的朋友圈，錯過的小夥伴是不是覺得都跟不上最近流行了呢？

　　一轉眼，「梨園有你」已經到了總決賽了，剩下的諸位小娘子知名度都算出圈了吧？那麼你最看好誰？

　　一起來看看吧！

舞蹈擔當
公孫大娘
GONGSUNDANIANG

　　公孫大娘，許州人，芳齡20歲。之所以叫「大娘」，是因為她是家中長女，這個稱呼與年齡無關。她在前幾次公演均處於C位，目前的人氣在「梨園有你」眾多選手中排名第一，可以說是最炙手可熱的參賽選手了。

　　其實公孫大娘練舞很多年了，在參賽前就已積累了不少的人氣和粉絲。當年她還是素人時，常常在街頭巷尾舞劍謀生，引得成千上萬的百姓圍觀。有一回，

圍著公孫大娘的百姓太多了，把路都給堵了。有個官員正好路過，心想：明明不是上下班高峰，怎麼還塞車啊？他不由得心生怒氣，下車朝人群走去，正要發作，卻瞧見公孫大娘的舞姿。於是他心頭一滯，目光凝在公孫大娘優美的舞姿上，漸漸忘了時光流逝。等她的表演已結束許久，官員才反應過來，忙追過去，將公孫大娘帶到皇宮為玄宗陛下表演。公孫大娘就這樣被「挖掘」了。

在參加「梨園有你」前，公孫大娘曾參加過專業的舞蹈比賽「梨園杯」，從八千餘名參賽選手中脫穎而出，一舉奪魁。「梨園杯」的導師玄宗陛下曾點評她是「唐宮第一舞擔，無人能比」。之後每年千秋節，玄宗陛下都會讓公孫大娘在勤政樓下舞劍，這已經是固定的表演節目了，看過的人紛紛點讚。所以此次，公孫大娘雖然是以練習生的身份參加「梨園有你」，但她的實力是不虛的，在 dancer 這一塊完全具備出道的實力。

近年來，坊間的熱門網紅舞蹈有《劍器》、《胡旋》、《綠腰》、《春鶯囀》、《涼州》等等。其中，《劍器》的熱度排名第一。不過，只要一提到這個舞，大多數人腦海裡冒出的還是公孫大娘的《西河劍器》舞，這也是她的爆紅代表作，相信很多人都循環觀看過。

她的《西河劍器》同其他人跳得不一樣。她不僅在傳統劍舞的基礎上做了改編，而且在舞蹈中顯示出強大的技巧和爆發力。只見她舞步矯健，猶如帝驂龍翔；偶爾還會來幾個弓步支撐，仿佛后羿引弓，一箭射下九個太陽。而她對手上劍的力道和速度的控制也是極佳，「來如雷霆收震怒，罷如江海凝清光」，台風乾淨俐落，整段劍舞表演又燃又炸！

除了《西河劍器》，公孫大娘還有一些舞蹈也非常精彩，例如《鄰里曲》和《裴將軍滿堂勢》。說起來，《裴將軍滿堂勢》是公孫大娘根據裴旻將軍的劍法改編的一段劍舞。這個表演需要公孫大娘跳滿全場，猛厲無比！其中最精彩的部分，當屬「劍聖」裴旻最出名的那段「擲劍入雲，高數十丈，若電光下射，旻引手執鞘承之，劍透空而入」。不過長安有些持著雷文霍克顯微鏡的小娘子們發現了不對勁：為什麼公孫大娘這麼瞭解裴旻？為什麼裴旻把祖傳的劍法教給公孫大娘？他又是什麼時候傳授的呢？這些幕後消息讓公孫大娘失去了部分長安小娘子粉絲。

不過這並不影響一大堆有影響力的男粉 KOL 為她打 call。例如大唐男神榜

TOP 2 —— 詩聖杜甫。杜甫是她的事業粉和自來吹，曾公開讚揚「昔有佳人公孫氏，一舞劍器動四方」。與「劍聖」裴旻並稱「大唐三絕」的「草聖」張旭，也表示公孫大娘是他書法的靈感繆斯。「畫聖」吳道子還表示，自己經常從公孫大娘的舞姿中找靈感，創作出優秀的繪畫作品。

最佳VOCAL
許 和 子
XUHEZI

　　許和子的人氣在「梨園有你」目前的選手中排名第二，是公孫大娘最有力的競爭對手。她出生在永新的一個音樂世家。因為父親是一名樂工，所以許和子從小耳濡目染，具有極高的音樂素養和能力。後來，許和子通過層層選拔，進入了咱們的玄宗陛下設立的左右教坊（大唐娛樂經紀公司）。她在宜春院分部任職，按照籍貫將藝名改為「永新娘子」，並加入「內人」女團。通過她自己發的一些工作照，我們可以看到：宜春院在承恩殿和宜秋院旁邊，三面臨水，一面靠山，工作環境風景非常的好。而且內人女團雖然有很多成員，但許和子在給陛下表演時，都是站第一排的，屬於「前頭人」。

　　不過這次，許和子雖然是由公司選送參加「梨園有你」，但是她是以個人身份參賽的，所以她用真名報名。她本人長相甜美，嗓音圓潤，唱的歌多是江南小調，非常的溫婉，與公孫大娘的風格截然相反，兩位練習生吸引到的是兩撥完全不同的粉絲。

　　值得一提的是，雖然許和子多唱抒情歌曲，但她本人的實力是不容小覷的。她的VOCAL能力非常強，在高音方面可以唱到8個C，可謂「喉囀一聲，響傳九陌」，極具穿透力。就她之前參加的數檔音樂節目的表現來看，許和子是個非常善於表達歌曲思想和意境的歌手，經常把聽眾唱得熱淚盈眶。此外，她還愛結合當下潮流，為一些膾炙人口的老歌做改編，創作能力不容小覷。

　　相信大家都看過許和子和李謨那場合作表演 —— 李謨為許和子伴奏。等許和子歌唱完，李謨的笛子也裂了。過了多年，這場表演仍被納入「十大Live現場」，底下一水的點讚評論：「國家隊出場就是不一樣。」

說起來，大唐第一 Live 現場也是屬於許和子的。天寶十二年的千秋節，本來是要開千秋晚會的，但底下圍觀的百姓人聲鼎沸，秩序混亂，陛下在勤政樓上講話，莫說別人聽不到，連他自己都聽不到。楊相國下令維持秩序，但收效甚微。還是高力士建議讓永新娘子出來唱歌。她一出來，一開嗓就是響徹天際的高音，直接壓過樂隊，全場安靜。陛下當時很高興，讚賞「此女歌值千金」。

從此 #永新善歌# 就常年掛在熱搜了。本朝其他音樂點評家也給了許和子極高的評價，說戰國的韓娥、漢代的李延年去世後，數百年再沒有可以稱作歌壇天王天后的人物，現在找到接班人啦 —— 那就是許和子！

她的粉絲團也是人才輩出，目前已為自家偶像推出了應援歌曲《永新婦》。但據小道消息透露，許和子因為受到陛下賞識，且捲入了貴妃娘娘和梅妃娘娘的爭鬥，因此被貴妃娘娘記恨。貴妃娘娘是本次「梨園有你」的導師，她可能不會允許許和子在決賽奪冠。據說，水軍已經在大唐第一男神李白和許和了合作詞曲的《清平調》上做文章，放出兩人的花邊黑料了……

舞台王者
念 奴
N I A N N U

雖然目前念奴的票數在「梨園有你」選手得票數中排行第三，但她和第一、第二還是有明顯差距的，因此她斬獲 C 位的可能性不大。但是念奴出道還是有極大希望的 —— 畢竟她在聲樂方面的實力的確不容小覷。

念奴同樣來自教坊「內人」團，是許和子的同團隊友，據說當時還是團內 C 位，比許和子初排位高呢。與許和子的甜美不同，念奴的聲音嘹亮、清澈，如涓涓清流。唐玄宗曾讚不絕口：「念奴每執板當席，聲出朝霞之上。」（看來玄宗是一個高音愛好者。）

大唐知名男神、最近人設受到質疑的元稹回憶，每年辭歲宴時間一長，賓客

就不耐煩了，各種嘰嘰喳喳、吵鬧喧嘩。嚴安之、韋黃裳等人去維持秩序，都不能壓下聲音。樂隊沒法吹奏，只能罷演。於是，玄宗陛下命高力士在樓上大呼：「下面輪到念奴的獨唱，由二十五郎吹小管篥伴奏，大家願意聽嗎？」大家這才慢慢安靜下來。

這個故事是不是有點似曾相識的既視感？好像在剛剛許和子的故事裡聽過？咳咳，我們要相信元稹男神的人品，他甚至寫下一首《連昌宮詞》來記錄這次念奴的Live——「力士傳呼覓念奴，念奴潛伴諸郎宿。須爽覓得又連催，特赦街中許燃燭」。看來，作為內坊女團C位，念奴非常為陛下看中，享有許多特權。此外，念奴的高音和許和子有得一拼，曾被盛讚「飛上九天歌一聲，二十五郎吹管逐」，可能優秀的人總是相似的吧。不管怎樣說，念奴可愛漂亮、楚楚動人，舞臺魅力一百分！我們還是希望她能在成團之夜出道！

仙氣門面　謝阿蠻
XIE A MAN

謝阿蠻的票數一直同念奴膠著不下，她最大的優勢是極具辨識度的混血顏。謝阿蠻雖然是臨潼人，但她有著胡人血統，在「梨園有你」眾選手間十分出挑。

謝阿蠻在主題考核時跳的《凌波舞》，應該是很多人的經典回憶，也是「梨園有你」點擊量前幾的節目。在那個節目中，謝阿蠻穿著紗羅羽，在波濤起伏的水面翩翩起舞。只見她舒廣袖、展披帛，仙氣滿滿，儼然就是凌波池中衛宮護駕的龍女，試問誰又不會為龍女心動呢？謝阿蠻的這場《凌波舞》，由貴妃導師親自彈琵琶伴奏，並請來甯王李憲和流量明星李龜年助演。兩人一個吹玉笛，一個吹篳篥，十分吸睛。且謝阿蠻同這些大咖合作，竟一點都不怯場，很多人都為她在舞臺上的自信態度喝彩。

不過說來，雖然謝阿蠻與許和子、念奴同屬大唐娛樂經紀公司，卻不是「內人」，且得到的資源遠勝其他兩位……這些難免會讓人懷疑——最近幾天，有記

者深扒出來：謝阿蠻原來是貴妃娘娘的貼身侍女。因為謝阿蠻每次跳舞時，其胳膊上露出的臂環，被人認出是定製的「紅粟玉臂友」，這是貴妃娘娘的私物。大家紛紛猜測，在謝阿蠻參加「梨園有你」前，貴妃把紅粟玉臂友送給了她。

　　這層關係很快引起爭議，很多人懷疑比賽有黑幕，可能節目已經預定了謝阿蠻做C位。長安的街頭巷尾也有許多議論，說這麼多大咖為她背書捧場，謝阿蠻就算不內定，也能保送出道啊。所以這幾天關於＃謝阿蠻退賽＃的熱搜一直居高不下，我們不瞭解實際情況，這裡就不多說了。

（約西元664年-西元710年）

武則天

職業
才人·昭儀·天后·女皇

ID
@華夏第一女帝

個性簽名
氣場全開，
有種時尚叫「武周」

文／顧閃閃

WU ZE TIAN

高髻：
爾等呼我女皇陛下，我教爾等梳高髻

　　武：大唐女子的髮髻為什麼那麼高？今日朕就給爾等普及一下這項常識。

　　初唐時期，雖然高聳的半翻髻已經面世，但總體髮髻的高度還算比較克制，延續隋朝的低平款。一直到太宗時期，髮髻高度和生活水準一起上漲，最高可達到一尺以上，長安靚女從此告別內增高。

　　這種風氣很快引起了大臣們的不滿，大家紛紛上奏，要求聖上出面管管。太宗皇帝作為一名兼聽則明的直男，不明白女子為什麼把髮髻梳那麼高，便跑去向近臣令狐德諮詢。令狐德笑道：「這還不簡單？陛下您想想，『頭』就是『首』，身體沒有哪處比它更首要的了，女孩子當然要花上十分的心思去裝扮。」

　　太宗皇帝深以為然，也沒有搭理那些老夫子，只對他們說：「有閒工夫對女生的髮型指指點點，先把國民經濟水準搞上去好不好？送爾五個字，管好你自己。」

花釵：
紅毯必備，搖曳生姿

　　武：梳那麼高的髮髻，自然不能少了配飾，否則豈不成了一座高高的炭山？

　　作為整個王朝最愛珠寶的女人，朕容許你們不知道臂釧、梳櫛、華盛……但珠寶中的王者 —— 花釵，爾等可千萬不能錯過。聽婉兒說，在國民智力水準高度發展的我朝，竟還有女子分不清簪和釵的區別？

　　「看股數」這三個字，朕已經說倦了。

　　簪，也被稱為「笄」，就是代表成年的及笄禮那個笄，只有一股；而釵，則是由兩股簪子交叉組合成的，也正因如此，釵也成了戀人之間的定情信物。作用上，簪主要起到固定髮髻的作用，而釵更多用於裝飾，所以也稱為花釵。

　　我朝對後妃與命婦的禮服和所插的花釵數，都進行了明確的規定，等級越尊貴，頭上的釵就越多。花釵的插法也有講究，皆是一式兩件，兩兩對稱插在髮髻兩側，釵頭金片閃爍，珠玉垂掛，當真是華麗又端莊。

點面靨：
醉倒在朕紅燦燦的酒窩裡

　　武：配飾齊備，妝容也不能敷衍，畫完全妝，還要記得點一對獨具巧思的面靨。

　　面靨，酒窩也。點面靨起初並不是一種為美而存在的妝容，而是宮中某種秘而不宣的「標記」，可以直譯為「我姨媽來了，別惹我」—— 這話當然不好直接寫在臉上，所以後妃就在面頰處點上兩個小紅點。這樣專管妃嬪侍寢的女官看到了，就會默默調整這位的侍寢檔期。

　　後來妃嬪們花樣頻出，又研發出了杏靨、花靨、星靨等各種面靨款式，興致來了，不是例假也往臉上貼。她們是玩嗨了，可苦了宮中的大 boss，他怎麼也想不通，為何半個後宮的女人都在生理期。

　　回想朕還是個小姑娘的時候，也喜歡點面靨，闔宮的妃子沒有哪個貼得比朕更好看。而今，四海諸侯進貢各種奇珍，妝臺上排滿了無比瑰麗的妝靨，但那個能見朕笑顏的人，卻早已不在了。

武則天 *WuZeTian*

拒絕標籤，做這天下的女皇

文/南方赤火

引 子

西元690年，也就是大唐永昌二年，有大事發生。

百官及帝室宗戚、百姓、四夷酋長、沙門、道士共六萬餘人，上表請改國號。

攝政皇太后武氏准所請，改唐為周。在神都則天門登基即位，改元天授，加尊號聖神皇帝。

這看似合規合禮的一次改朝換代，卻引來大唐官民的一片譁然。不僅如此，大唐周邊的無數鄰國也都驚掉了下巴。

因為，這個泱泱帝國的統治者，有史以來頭一次換成了女人。

當然，在改朝換代之前很多年，武后就已經掌握了實質上的朝政大權。她的兒子李顯不過一介傀儡而已。然而縱觀中華歷史，太后掌權者眾多，譬如秦國宣太后、西漢呂后、東漢鄧太后、東晉褚太后……但她們之中，沒有一人試過更進一步，從皇帝寶座後面的那道簾子後面走出來，自己取而代之，戴上帝國最高統治者的寶冠。

武則天選擇創造歷史，為此而備受非議和阻力。不光大唐國內臣民中反對者甚多，就連周邊鄰國也紛紛咋舌。

朝貢了幾百年的東方國度，當家的換成了女人？

這可是千年未有之大變局，大唐（現在是大周）是會繁盛如初，繼續做東亞之主；還是會牝雞司晨，亡於女人之手？

有些國家盼望前者，有些國家暗暗希望後者。

無數各懷心思的各國使臣們組成記者團，走訪長安和洛陽，希望能夠近距離親自記錄這歷史性的一刻。

為此，武皇特意在長安舉行了新聞發佈會，邀請各國記者參加，以便化解他們心中的疑慮。

已經66歲高齡的女皇穿著華麗而低調的便裝，雍容華貴地出現在會場，引發一陣騷動。

對於穿著這種宮廷女性裝扮的人來說，她無疑是蒼老的，因為以往的「宮廷女性」無非是皇帝的姬妾，她們年少而天真，像一朵朵待放的花苞，歡快地裝點著皇帝的後花園。她們若有幸活到花甲之年，要麼早已失寵，成為冷宮裡的一尊活雕像；要麼已經成為寡婦，每日穿著簡樸而哀傷的衣裳，好像隨時都能追隨先皇而去。

很少有人能像武則天一樣，明明已近古稀高齡，卻精神煥發得宛若少女。她遍佈皺紋的臉上明眸閃亮，對未來充滿樂觀和信念。

女皇對各路外夷記者宣佈：「諸位都是我大唐的朋友和屬國子民，朕待爾等和武周百姓一視同仁。朕知道萬里路遙，消息傳播不便，各位對朕的瞭解也僅限於流言和軼事。趁此機會，朕希望可以給諸位解惑答疑，讓爾等看到真正的中華統治者，到底是什麼模樣。」

由於參會人士皆為外國夷胡，民俗開放、禮節粗疏，因此武皇表示，大家可以暢所欲言，不必擔心觸犯中原的禮節和法度。即便有冒犯之言，她也不會治罪。

外國記者們歡呼雀躍，果然積極交流，各抒己見，對中華帝國的首位女皇進行了全方位、多角度的訪談。這段訪談被鴻臚寺的官員記錄下來，成了極其珍貴的史料，與正史互相印證補充，讓我們得以窺見武皇開國之初的真實面貌。

◈告別男尊女卑，大女主時代到來 ◦◇

記者會剛剛開始，幾隻急切的手就搶著舉了起來。

新羅記者問出了大家最關心的問題：「皇帝陛下，據我所知，中國自古沒有女人當皇帝的傳統。請問您是怎麼想到廢掉自己的兒子，自己登基呢？這樣不會招來很多反對的聲音嗎？」

眾記者紛紛點頭，緊張地看著女皇的表情。如果她面露難色，就說明大唐—現在是大周，立國不穩，估計很快會內亂。

武則天笑了，回答：「當然有。」

但她的語氣穩健，好像並不以為意。

「首先，你們也許知道，在中國的歷史中，有很多手握權柄的女人。她們的權力也許並不比我擁有的小。但是，即便她們躲在幕後，以太后、皇后的身份治理國家，還是會有很多反對的聲音，認為女人不應該參與政治。結果呢？她們中的很多人依舊笑到了最後，因為那些反對者的才能，沒一個及得上她的手腕。

「可見，治理一個國家，最重要的是能力。我活了60多歲，見過才能出眾的皇帝，也見過軟弱昏庸的皇帝。不稱職的皇帝會被替代，而我還沒有見過一個稱職的皇帝，僅僅因為所謂的倫理道德，就被輕易地擊垮下臺。

「有很多人反對過我。六年前，因為我廢立皇帝，臨朝稱制，徐敬業起兵討伐我，還邀請才子駱賓王寫了一篇文辭精彩的檄文。駱賓王你們大概知道……」

眾外國記者連連點頭，有的開始輕聲背誦：「鵝鵝鵝……」

畢竟大唐文化輻射外國，大唐詩人到哪裡都備受尊敬。

大家驚訝道：「駱賓王也參與謀反了？請皇帝陛下手下留情……」

武則天笑了：「我喜歡他的文采，何時下令殺他了？只是後來徐敬業兵敗身死，他自己躲到不知哪兒去了，我也懶得下令去抓捕。後來又有不少李唐宗室出兵反叛，但那並非因為我是女人，而是因為我動了他們李氏的利益。換成個男人，他們一樣無法容忍。這些叛亂都被我這樣一個沒摸過刀的女人一一剿清，說明願意為我效力的人遠多於反對我的人。」

這時候武則天身邊的一個女官也俏皮地補充道：「可不是。皇上曾經跟我們

說，如果換成太宗李世民在世，她再怎麼努力也沒法取而代之。可惜太宗後面的皇帝們都不如她，她怎麼辦，只好自己親力親為了 —— 皇上對不起，臣不是故意說您兒子不行⋯⋯」

武則天完全不怪，反而跟著笑了笑。這次記者會已經說好了百無禁忌，女官的冒犯言論在她看來也無傷大雅。

她最後感慨：「可見大多數人還是聰明的，也是現實的。他們嘴裡說著一個女人怎麼能治理國家，可當沒人能做得比那個女人更出色的時候，他們也只好閉上了嘴。也許我並不是古往今來最出色的皇帝，但我的功績中有一條，是其他皇帝都做不到的 —— 我讓天下人認識到，從來如此的事未必合理，女子地位必須卑於男子的時代已經結束了。」

眾記者熱烈鼓掌，若有所思。

忽然一個外國記者出聲說：「我們國家也有過幾位女皇帝。如今在位的女皇才智過人，乾綱獨斷。如果沒有她的資助，我也不能漂洋過海來長安觀光。可見女子中也有胸襟博大者。」

武則天感興趣，問：「你來自何國？你國女皇是誰？」

記者再拜：「小人來自東海倭國，奉持統女天皇之名，前來恭賀武氏女皇登基。」

武則天大悅：「很好很好。你們國家的名字不太好聽，從此以後改成『日本』，就算朕給你們女皇的禮物。」

眾鄰國使臣記者見此記者很會來事，都無比豔羨，竊竊私語，想著待會兒是不是也能給自己的國家討幾個賞。

◆ 拒絕狗血宮鬥，做事業型女強人 ◇

解決了對於中華帝國政局不穩的擔憂，記者使團們將八卦的目光轉向女皇的過往。

粟特記者起立提問：「女皇陛下，您還做過太宗皇帝的嬪妃？」

眾使節有點譁然。太宗皇帝李世民大家都知道的，尤其是天竺使臣。當年那

個不遠萬里到天竺取佛經的玄奘法師，據說就是唐太宗皇帝派過去的。在玄奘的描述中，那是一個文治武功皆出色，一手打造貞觀盛世的明君。

可是，太宗皇帝是將近一百年前（西元598年）出生的，和現在的大唐統治者隔了好幾個輩分呢。

來自契丹的記者和來自突厥的記者忍不住尋思：「沒聽說過中原漢人有娶父妃的傳統啊。這樣太不合儒家倫常了吧。」

這種大逆不道的言論，若是由其他中原臣民問出來，定然會落個詆毀聖人的罪名。然而女皇知道這些蠻夷不懂禮法，因此一笑置之，不以為怪。

「你們以為，女人入宮侍奉皇帝，就像尋常百姓嫁娶一樣，目的是為了延續香火、琴瑟和鳴嗎？那就太天真了。做皇帝的后妃，從某種意義上說，是一種職業。對有些人來說，是一種事業。

「我是十四歲入宮的。我家雖然曾是貴族，但當時已經沒落。我的母親是隋朝散支宗室，嫁給我的父親做繼室，生了三個女兒。我們母女受到兩個同父異母的哥哥的嫉恨和不公正的對待。因此對我來說，讓我入宮侍奉皇帝，是擺脫原生家庭、改變命運的一條明路。

「那時太宗皇帝已經近四十歲，他的長孫皇后剛剛去世，他也許確實需要一些新鮮的面孔來擺脫哀思。但你們若覺得我會因此得到那個威嚴帝王的寵愛，那就錯了。對他來說，我的性情太過剛烈，不夠賢慧溫柔，是沒有資格獲得帝王之愛的。

「和我同時進宮的才女徐惠升遷了，和我有著親緣關係的楊淑妃、燕德妃、楊婕妤全都受寵，但我始終被皇帝冷落，最多不過是在他提筆寫字之時伺候一下。

「但我不氣餒。我還年輕，如果走以色事人那條路，縱然有幸為皇帝生下一兒半女，等他衰老駕崩以後，我的兒子也不會做皇帝，而是多半會被排擠到權力遊戲的邊緣，做一個庸庸碌碌的親王。而我，一心撲在那個不可能成大器的孩子身上，遠離權力中樞，也就失去了人生的一切可能。

「但太宗皇帝賜給我的禮物，遠比一個孩子要重要。我跟在他身邊耳濡目染，學會了寫字、讀史、馭人，學會了如何治理一個帝國。

「太宗駕崩以後，我和其他沒有生育過的後妃一起，被送去尼庵出家。我回想在太宗宮裡做才人的那段時光，不覺得那是一段婚姻。對我來說，那只不過是我

事業的起步。」

外國來賓們聽到女皇的這段自白，紛紛稱讚。不管男人還是女人，能在如此年輕的時候就清晰地知道自己想要什麼，這種人放在任何時代都是少數。

而武皇身邊的臣子們，也是頭一次聽到她的這番心理剖白。其中頗有對先皇不敬的詞語，大家只能裝作沒注意。

「可是……」粟特記者小心翼翼地問，「後來您嫁給了太宗皇帝的兒子，沒人反對嗎？」

「反對的聲音不用我來處理。」女皇微笑著，沉入了回憶之中，「我的第二個丈夫李治，還是太子的時候就對我表示過好感 —— 你們不要覺得中華大地上處處規矩森嚴。倫理綱常那一套，是我們用來駕馭百姓、讓百姓規矩聽話的，帝王之家為什麼也要遵循那一套？後來李治當了皇帝，他的王皇后和蕭淑妃激烈爭寵。把我從感業寺接進宮中，是王皇后的主意。她以為那樣就能分擔皇帝對蕭淑妃的寵愛。也許那時候有反對的聲音，但是以我當時的地位，是不可能得知的。後來又發生了很多事……」

在座眾使臣記者聽得津津有味，烏蠻記者搶著接話：「後來我知道！王皇后和蕭淑妃都被您鬥倒了！」

「哦？這些你們也知道？」武則天表示興趣，「你們是怎麼知道的？」

眾記者扭捏：「《唐宮秘聞》這樣的八卦小書，在我們國家的銷量都很高。」

武則天更是好奇：「那上面怎麼說我的？講來聽聽。」

眾記者這下誰都不敢搶答，只能吞吞吐吐地說：「呃……」

武則天了然：「肯定說得很不堪，對不對？只有弱者 —— 我的敵人，才會用散佈謠言的方式詆毀我。沒關係，赦爾等無罪，跟朕講講吧，我很想知道。」

有了女皇的保證，烏蠻記者才鬆一口氣，笑著說：「其實也沒有什麼太不堪的。傳言都說，您剛進宮的時候非常守規矩，和王皇后一起，聯手打敗了蕭淑妃。然後您轉而對付王皇后，散佈謠言說她搞巫蠱咒人，還……還把自己女兒的死嫁禍給王皇后。中宗皇帝一氣之下，就廢掉了王皇后，立您為皇后。」

旁邊龜茲記者點頭贊同：「對，我們看的也基本上是這個版本。」

武則天忍俊不禁。

「你們國家的宮鬥文學應該都很發達。」她說，「可惜事實比謠言要枯燥得多。很多人以為，女人進了宮，只要保養身材容貌，練一口軟糯嬌音，把皇帝迷得神魂顛倒，再生幾個兒子，就能後宮獨大，為所欲為——這簡直像皇后娘娘烙大餅一樣可笑。一個女人，她越是用這些方法博得帝王的寵愛，她在帝王的眼裡，就越發和一隻寵物沒區別。即便她生了兒子，那也不過是一隻有功勳的寵物，和跟著皇帝南征北戰的青驄馬沒什麼區別——或許後者的地位還更高些。

「而我，我之所以能攀登到這一步，靠的是……避免做這些女人該做的事。

「後宮中不是沒有宮鬥，但後宮中的鬥爭永遠是前朝政鬥的延續。王皇后和蕭淑妃背後的世家門閥勢力強大，而皇帝是厭惡門閥勢力的。要想清理掉這些勢力，只能犧牲這兩個女人。我對王皇后和蕭淑妃的打擊與迫害，其實都出自皇帝的默許。否則，單憑我一個家族勢力微弱的女人，就能在大唐後宮裡翻手為雲覆手為雨嗎？那皇帝算什麼？

「我之所以能當上皇后，並不是因為皇帝愛我愛到發狂，愛到力排眾議。當然，他對我是有感情的。多年以來我幫他處理朝政，已經成了他的同僚和戰友。但是當他想要將我立為皇后的時候，他發現，他遇到了前所未有的阻力。

「那些手握大權的老臣們，比如長孫無忌、褚遂良、上官儀……」

說到上官儀的時候，女皇身邊的那個女官微微垂首，神色肅穆。

「……這些人，是皇帝不敢惹、不敢動的前朝元老，是皇權的絆腳石。而朝堂上同樣有一批野心勃勃的政治投機者，他們時刻伺機而動，嗅著上位的機會。

「我的皇后之位成了兩黨爭執的砝碼。而我，只不過是順勢而為，從中受益罷了。

「最終，我們戰勝了那些頑固的老臣，貶謫了長孫無忌和褚遂良，收攏了一批忠心耿耿的臣下，收回了久違的權力。我因此也成為眾人討伐的對象。他們說我為了當上皇后不擇手段，用精巧的心計蒙蔽皇帝，用殘忍的毒計迫害忠臣，是個心懷叵測的蛇蠍女人。哈哈！其實李治哪有那麼蠢笨？他要對功臣動手，不方便自己親自來，於是假手於我而已。

「當然，很多政治鬥爭都見不得檯面。等我死後，也許人們也只會記住那些花邊新聞裡聳人聽聞的描述，將我的經歷改編成拙劣的宮鬥小說，以為我能來到今

天這個位置，全靠狐媚惑主、心如蛇蠍 —— 我不在乎。哪個統治者沒有被詆毀過呢？

「皇帝把我當成一把刀，一把鋒利的、能幫他殺人的刀。等他發現這把刀其實是有自己的意志，未必肯對他唯命是從的時候……唉，先皇命薄，多年頑疾纏身，以致於壯年離世，實在是國家之不幸。可惜啊可惜。」

女皇說畢，嘴角一抹惆悵的微笑，輕撫自己額頭的花鈿。

眾記者屏著呼吸聽完，再看看女皇那蒼老的容顏和驕傲的神采，無不戰慄。

今天是不是聽到了許多不該聽的……

果然，沒有來得容易的成功。要想站上那個位置，腳下必定踏著無數屍骨。

好在，女皇莞爾一笑，對這種驚懼之情進行了恰到好處的安撫：「都是過去的事了，你們不是中華子民，知道這些也沒關係。或許等你們向國人說起朕的這些往事，他們還不信呢。」

俗話說聽君一席話，勝讀十年書。據說這些使團記者返回自己的國家之後，就像打通了任督二脈一樣，不管原本是多低的級別，都升職的升職，加薪的加薪，從此官運亨通，人生順遂。

人們問及緣由，他們總會謙虛地笑道：「不過是學到了中華女皇的一點皮毛而已。」

◈ HR的自我修養：不拘一格降人才 ◦◇

隨著武皇和記者團的推心置腹，幾杯葡萄酒下肚，眾人也變得放鬆下來，氣氛逐漸熱絡。

來自大食的記者帶頭問道：「陛下，能說說您登基之後，打算實行哪些政令，進行什麼樣的改革嗎？」

這是使團們關心的政治風向標。在座眾人紛紛拿起小本本。

武則天微微一笑：「我說過，我的登基只是順勢而為，在坐上這個寶座之前，我已經治理這個國家數十年，說我是大唐帝國的宰相也不為過。我的統治班底大多沒換，也就不會有劇烈的變革發生。實際上，你們出門問問長安的百姓，他們

或許很難感覺到改朝換代。

「若說我與前代帝王有何不同之處，那便是我不喜歡門閥世家，而是喜歡不拘一格選拔人才。我不介意破格提升資歷不足的低級官員。舉國官民百姓，都可以直接向我舉薦自己的才幹，以此請求升官或入仕。

「我完善科舉制度、創立殿試、首開武舉，打破了高門士族在科舉中的壟斷。寒門士子只要作得絕妙辭賦、華美文章，就能被提拔為官，共同經營帝國華章。對了，諸位如果有在中華入仕之念，也可以報名參加科舉，不論出身如何，都能參加公平的選拔。」

聽到這裡，記者使團突然興奮，眾人相顧議論：「寒門可以在大唐 —— 哦不，大周做官了？我們也可以？」

要知道，在他們的印象裡，中華帝國的政治風氣一直是門閥優先，投個好胎比什麼都重要。朝廷裡當官的全都是那幾個大姓，尾大不掉，很影響執政效率。過去曾經有皇帝試圖改革，但都扳不倒這股巨大的門閥勢力。

女皇也在挑戰門閥，而且似乎卓有成效！

「但是你們要做好準備。」女皇的表情嚴厲起來，「我的手段比前任皇帝們嚴苛了些，我對忠臣的標準也更高。我令朝廷廣開言路，如果你知曉什麼貪官污吏、叛臣賊子，任何人皆可來京告密，國家會供給車馬和飲食。倘若誤傷，國家也不會承擔任何責任。在我手下做事，不要讓我抓到任何把柄。」

眾記者心下惴惴，方才的雀躍之情淡了不少。女皇雖然和他們推心置腹，但她的底線可是清清楚楚。任何擋在她權力之路上的絆腳石都會被無情地清除。

龜茲記者悄悄對緬甸記者說：「我們外夷人士，文化程度也不高，也不懂得揣摩上意，在大唐做官就算榮華富貴，但也是個危險工種。我看算了，要賺錢不如經商。」

大家的疑慮並非無稽之談。到了武則天執政後期，她濫用酷吏來俊臣，導致人心惶惶，朝政失去平衡，還差點讓自己的女兒太平公主被誣陷。武皇也意識到自己的手段嚴苛過甚，她收放自如，果斷順從民意，殺了來俊臣，平息了臣民的憤怒。

「挑戰門閥、任用酷吏……」大家在小本本上記完，求知若渴地問，「還有

嗎？女皇陛下還有什麼其他的打算？」

　　也就是這幫外國記者言語無忌，才敢這麼刨根問底。女皇顯然也不打算將自己的政治藍圖和盤托出，頓了頓，笑道：「當然。我大周繼承自大唐，有責任維護大唐版圖的完整。」

　　她的笑容轉為凌厲，盯著使團中的契丹、突厥、吐蕃記者，把那幾位盯出一身白毛汗，膝蓋有點發軟，想著自己是不是哪裡得罪女皇了，是不是該趕緊跪下來磕頭。

　　女皇莞爾一笑：「不用慌。回去轉告你們的國王，就說……要聽話。」

　　後來在武周時期，果然有契丹、吐蕃等勢力起兵相抗。武則天大部分的精力用於對內，因此對外軍事屢有失策。雖然最終她鎮壓了叛亂，扭轉了不利局面，但在她去世之後，唐朝的版圖較太宗和高宗時已有所縮減，不復大唐全盛時期的遼闊。

皇太子VS皇太女，誰是武周江山的繼位者？◇

　　新聞發佈會變成了茶話會，不知不覺就過去了一個時辰。眾記者使臣喝著葡萄酒，吃著蒸梨和荔枝，氣氛逐漸輕鬆。

　　忽然大家眼前一亮，只見一個風度翩翩，貌若蓮花的絕世美男緩步而入，十分自如地坐在女皇身邊，跟她說了幾句悄悄話。

　　眾人的八卦之魂熊熊燃起，互相看了又看，眼睛裡都在問：「這人是誰？」

　　帥哥旋即離去，一屋子人望著他的背影發呆。

　　女皇率先打破了尷尬。她笑著說：「是一個……小朋友。他剛剛來通知朕，大明宮靜宜園的涼亭修好了。不如大家一起去看看？」

　　說著，她在女官的攙扶下起身，緩慢但優雅地走向門口。

　　居然有幸受邀遊覽皇宮，眾使臣記者受寵若驚，連忙謝恩跟上。

　　當然，大家也在琢磨著「小朋友」這個詞：這樣的「小朋友」，宮中還有多少？

　　女皇突然回頭，笑著問：「你們不會以為，朕貴為一國之君，還要為過去的丈夫守節吧？」

記者們趕緊說：「不用不用，當然不用。」

「從一而終」的觀念太迂腐，大唐從開國以來就領風氣之先，女性地位空前高漲，可沒聽說過什麼守寡殉節。在這種開放觀念的薰陶下，周邊國家自然也就不太把禮教當回事。

可風氣再開放，也沒見過哪個貴婦人公然讓自己包的小鮮肉出入家門，讓外人品頭評足吧？

眾人有點不知道該怎麼恭維，尷尬之情溢於言表。

女皇身邊的女官被逗笑了，小聲說道：「你們習慣就好了。過去的男皇帝哪個不是後宮三千？咱們女皇不貪不濫，只是閒暇取樂的時候才找幾個人作陪，後宮省了很多開支呢。」

眾人：「就是就是。應該應該。」

一路走進宮闈，眾人又看到幾位衣著華麗的貴婦與貴女。她們朝女皇行禮，大大方方地打量這些外國使節。回紇記者是個俊俏小哥，短短幾步路，承接了無數媚眼。

原來女人也可以做主動的一方。

大家想，也許這就是未來的大勢所趨吧？

宮中佈局綺麗而華貴，幾步之隔便有佛像佛龕，皆以黃金為飾，璀璨非常。長廊外面是曲折的花園，重巒疊嶂的假山後，絲竹樂舞之聲緩緩飄揚。名貴的香料在不知名的縫隙裡燃燒，霧氣彌漫到屋簷，讓整個宮殿宛如仙境。各國進獻的珍寶被隨意堆放在架子上，幾隻五彩鸚鵡棲在金玉鑲嵌的籠裡，滑稽地叫著：「吾皇萬歲！吾皇萬歲！」

往來宮人女子居多，不僅有侍奉的宮婢，更有不少官宦模樣的婦人穿著男子公服，手持文書，嚴肅而自信地穿梭往來。

各國記者就像土包子一樣，東瞧瞧西看看，忽然看到轉角處走出來一個美貌的貴婦人。她不到三十歲年紀，容貌圓潤而貴氣，衣飾華貴，竟與女皇不相上下。

旁邊女官急促提醒：「快參見太平公主！」

原來這就是傳說中女皇唯一的女兒，也是她最喜愛的孩子——太平公主。眾人連忙參拜。

太平公主身上帶著長安貴女特有的傲氣。她略略問了問使團的來歷，就揮手讓他們免禮。然後她拉著女皇，笑道：「母親，今日怎麼有時間出來閒逛？ 小心著涼。」

女皇也拉著她的手，和藹地嘮著家常。說了幾句，太平公主告退。

真臘記者忍不住感歎：「真像，真像！」

母女倆長得真像。太平公主的臉龐簡直就是她母親的翻版。

不一會兒大夥來到了花園涼亭，這裡又是另一番景色。只見花叢茂密，鳥鳴聲聲，仿佛一下子置身於空山密林，讓人心思幽靜起來。

女皇坐於涼亭，十分喜歡這裡的景致，命人重賞相關匠師。

忽然有宮人輕聲報：「陛下，廬陵王和王妃求見。」

女皇似乎有點不耐煩，皺了皺眉，命令：「宣。」

廬陵王李顯不到四十歲，然而頭上白髮已經很明顯。他低著頭進來，撲通一聲跪在地上，恭恭敬敬地參見皇帝陛下。

他身邊的王妃韋氏也戰戰慄慄，小聲給自己的婆婆請安。

夫婦二人扶在地上的手，在寬闊的袖子底下，悄悄拉到了一起，仿佛是在給對方打氣。

氣氛一下子局促了起來。

女皇似乎也很不滿兒子這種畏畏縮縮的神態，放下酒杯，問：「有事就說。」

李顯：「無……無事，就是來看母親是否安好。近日天涼，不……不要著涼。」

女皇冷笑：「我自有御醫隨侍，不用你操心。你多磕幾個頭，難道我就能身體好了？」

李顯的白髮間溢出冷汗，不住地說：「是，是。那兒子告退了。」

女皇點點頭，揮手把他打發走。

各國使團遠遠地看到這一幕，都感同身受，只覺得自己背上的冷汗也浸透了衣服。

爪哇記者忍不住，悄悄問：「看樣子，女皇討厭兒子，喜歡女兒。她是打算把皇位傳給太平公主了。」

旁人紛紛點頭。

只有隨侍的那個女官不以為然。她面容冷峻，悄聲說：「未必。」

眾人驚訝：「為什麼？」

兒子這麼不受待見，而且是被他母親廢過一次的皇帝。

女官猶豫了一下，見身邊都是懵懂外夷，不足為患，這才低聲說：「太平公主已經嫁了人。若是皇位傳了女兒，日後不是依舊落了別家？傳給兒子，至少陛下百年之後還能在宗廟裡享受祭祀。再說，陛下畢竟是女流，是李家的媳婦，若是真把江山給了別家，那李氏皇族以後的香火不就要斷了？李氏都無人祭祀，那她怎麼辦？」

眾人想想，也有道理，紛紛說：「對，儒家宗法就是這樣。女兒是不能做家族繼承人的。」

就像女皇本人。她的皇位不是繼承來的，而是搶來的。

女官又說：「滿朝文武也猜著陛下的心思，覺得她日後還是會把江山還給李家的，所以大多數人才不反對她登基。如果陛下真的要將皇位送給外人，那就說不準啦。」

大家點頭表示受教。

可見即便貴為女皇，有些事情她也無能為力。她可以憑一己之力奪取一個國家，卻無法和幾千年牢固的宗法觀念相抗衡。

但……

看那太平公主也非耽於安逸的俗人。她和她的母親那麼像，肯定已經從母親那裡學到了：如果想要什麼東西，就自己去搶。

天大亮，眾人平白感到一陣冷風，好像已經看到了，這明亮輝煌的大明宮，日後必定還有更多的劫數。

尾聲

外國使團遊覽了一圈皇宮，心事重重。

到了皇帝陛下用膳的時間。女官邀請他們留下來一起吃，大夥各懷心事，都拒絕道：「我們還是回驛館吧，那裡的飯菜更合口味。」

女皇得知後，略略挽留了幾句，命人抬來豐厚的禮物，作為饋贈。

眾人拜謝，說道：「今日我等收穫很多。我們國家的報社雜誌已經有很多約稿，等回到家鄉，我們必定提筆將女皇陛下細細描繪，讓化外蠻夷都見識到中華女皇的風采。」

女皇龍顏大悅，又說了很多勉勵的話，末了言道：「朕知道，你們對朕的看法也許並非完全讚賞。如果有什麼批評的言論，你們也儘管寫出來。朕不會生氣的。」

大家唯唯而應，心裡卻想：您設立了這麼龐大的告密機構，我們要是寫了什麼不該寫的，早晚會讓人傳到您耳朵裡。到時候您不計較還罷，萬一正在氣頭上，一個衝動宣佈出兵滅了我國，豈不糟糕！

後來記者們各回各國，大家還算都很遵守職業道德，如實地記載了他們和中華女皇的交流對話，並寫成文章刊發在不同的報紙雜誌上。

但不出女皇所料，人們對長篇大論的政治鬥爭並不感興趣。那些隻言片語的宮廷八卦反而銷量更火爆。女皇美不美，豔不豔，毒不毒，她的男寵有多少……這些話題的熱度最高。

過了不久，外夷統治者發現，自己國家的百姓紛紛開始學漢語，讀詩書，說是要去中原考科舉做官。

又過了幾年，關心時事的外夷記者聽說，女皇「勸農桑，薄賦役」的政策頗見成效，中原人口急劇增長，邊市貿易也更加興旺，來交易的商人個個腰纏萬貫，生活十分滋潤。

不過在他們的言論中，還是喜歡稱自己的國家為大唐，喜歡提當年的貞觀盛世和李家王朝。

「等武皇歸天，天下仍舊是李家的。」他們自信地說。

但很多人沒有等到武皇歸天。三年過去了，五年過去了，十年過去了……直到本文寫就（西元705年），算起來女皇應該已經80多歲了，她還活得好好的。她把這個從夫家手中奪來的帝國，管理得好好的。

YANG YUHUAN

楊貴妃

文/顧閃閃

（西元719年—西元756年）

YangGUIFEI

職業

舞蹈家．琵琶演奏家．
貴妃．梨園園長

ID

@我愛洗澡皮膚好好

個性簽名

雲想衣裳花想容．
大唐第一美人的時尚講座開課了！

花鬘：
大唐人夫送命題 ── 我與花孰美

　　楊：頭戴大花俗氣？顏值跟不上就老實承認，花鬘可是盛唐最fashion的髮型之一！

　　清晨，由宮人自園中採來的大朵牡丹被捧至鏡前，簪於峨髻之上。美人們多愛牡丹，不只因它花色明豔，花香馥鬱，更因那花瓣上尚掛著晶瑩的露珠，清新嬌俏，絕非尋常金銀俗物可比。彼時妝容已畢，名花美人，相映成趣，分外惹人憐。李翰林那首《宮中行樂詞》怎麼寫的來著 ──「山花插寶髻，石竹繡羅衣。」

　　小家子氣的美本貴妃才看不上，要美便同這牡丹一般，開得轟轟烈烈。

蝴蝶唇妝:
絕世美人,就是要精緻到唇形

　　楊:髮髻梳好,當然有爆款妝容來匹配。最近你的社交圈,是不是都被這款獨特的蝴蝶唇妝刷爆了? 今天我就來手把手地教大家它的畫法。

　　首先,取出最白色號的鉛華(鉛粉),對唇部進行整體的遮瑕打底,模糊原有唇形;之後,再用鮮豔順滑的唇脂沿著唇峰細細勾勒,突出圓潤的邊緣感;最後仿照上唇的形狀,上寬下窄,在下唇畫出對稱的桃心形,一款創意感十足的蝴蝶唇妝就畫好啦。

　　這樣描畫過的櫻桃小口更加飽滿可愛,像鮮豔的花瓣悄然綻放,如同一隻蝴蝶在唇間翩翩起舞,非但「斬男」,就連姑娘們與你擦肩而過時都忍不住多看上幾眼。

霓裳羽衣:
聖人要逼死裁縫系列

楊:再強調一遍,我穿這套衣裝出場,真的不是在炫富,我只是在堂堂正正地秀恩愛。

霓裳羽衣是我家親愛的專為我們梨園歌舞隊設計的打歌服,其實也沒什麼特殊的,就是配飾忒華麗了些,珠翠佩掛得忒多了些,配色忒時髦了些,布料忒稀有了些。設計上的事我也不懂,只知道陛下的品位就是好,裁出來的衣服半點不沾凡俗,就如同道教壁畫裡仙家穿的一般,也難怪看過梨園獻舞的公卿大臣們紛紛驚掉了下巴,都感歎是仙女下凡了。

話說有這樣一位英明神武、多才多藝,又願意把我捧在手心裡的男人,叫我怎麼能不是戀愛腦?

楊貴妃

對話當朝第一美人

文/南方赤火

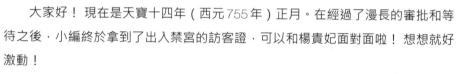

　　大家好！現在是天寶十四年（西元755年）正月。在經過了漫長的審批和等待之後，小編終於拿到了出入禁宮的訪客證，可以和楊貴妃面對面啦！想想就好激動！

　　很久以前就想做一期關於楊貴妃的內容。這個女人的經歷太傳奇了，她生命的每一天似乎都是專門為這個瑰麗的世界定製的。關於她的一言一行、一顰一笑，都牽動著無數男男女女的心弦，她是潮流的引領者、創造者，也是潮流本身……

　　她是大唐當之無愧的icon。

　　小編手裡攥著一沓紙，忐忑不安地走進了華清宮，這些都是粉絲們打算提問的內容。

　　介紹一下，華清宮在長安城郊的驪山，是皇家的行宮別苑和配套溫泉度假別墅。裡面除了常規的宮室，還有超大湯泉浴場、馬場、球場、園林、戲園、寺廟……小編一路看得眼都花了，覺得腳底每一步都踩著金子！

　　路上遇到的宮女姐姐都是大美人，又漂亮又有氣質，小編有些自慚形穢。聽說她們每個月的脂粉錢就能養十個小編了，皇家服務人員的待遇果然不一

樣 ── 其實這也是托楊貴妃的福。多少家庭盼著自己的女兒能成為第二個楊玉環，把她們視作掌上明珠，傾力培養，指望她們在長安中樞的銷金窟謀得一席之地，提攜全家。據說最近幾年的長安家庭都是重女輕男，生了女兒全家慶賀。這是否在不知不覺中提升了我唐的女子地位呢？值得思考……

看宮女看花了眼，言歸正傳，小編不知不覺已經來到了湯池。只見氤氳白煙嫋嫋升起，離半里地就能聞見池中的草藥與花蕊香氣，蒸騰得小編全身的毛孔都舒暢。當然這樣的湯池小編是無從享受的。聽說楊貴妃剛剛出浴，小編馬上就能見到她了！

啊，那是楊貴妃！她來了她來了，她在無數侍女的簇擁下來了！哦我的天哪，小編宣佈這是「仙女」本「仙」，她的每一步都像走在雲端一樣，慵懶無力卻又散發著無盡蓬勃生機。小編還沒看清她的臉，但是身邊的宮女姐姐已經全都變成了路人！不愧是楊貴妃！

她的容貌……原諒小編的詞窮，最精彩的漢字也不足以形容她的萬一。小編只能說，她是大唐所有美好事物的集合。小編筆力有限，多描繪一個字都恐怕玷污她的美貌，只好不多嘴啦，讀者自己想像吧。

好了，小編已經鋪開了小本本。貴妃已經換好衣服，等待採訪了！第一個話題聊什麼呢？

出身平凡，一朝伴在君王側

小編：貴妃姐姐，我發現您很平易近人啊，我還以為皇家寶眷都是高高在上的那種呢。關於您的生平，各路媒體都已經報導過很多了，官方也給您出版了詳細的簡歷。可是小編還是想聽貴妃姐姐親自敘述一下。

楊貴妃：沒問題。其實我的出身也很普通，不是什麼鐘鳴鼎食之家。我的父親是蜀州司戶，很早就去世了，我的叔父是河南府士曹參軍，他收養了我。

我從小就知道自己長得漂亮。開元二十二年，我十五歲的時候，咸宜公主在洛陽大婚，我被叔父帶去參加婚禮。不久後，我就見到了宮中的來使，說咸宜公主的弟弟 ── 壽王李瑁看上了我，打算納我為妃。第二年我就嫁過去了。

幾年後，壽王的母親武惠妃去世。武惠妃是皇上當時最寵愛的妃子，她死後皇上茶飯不思，後宮三千，找不出第二個中意的人。不知哪個多嘴的跟他說起了我，於是很快，聖旨令我出家為女道士……

小編（緊張）：等等，貴妃姐姐，我以為這件事早就被和諧了，公然發出來不會被查封嗎？

楊貴妃（笑）：你是說我在入宮之前曾經嫁給壽王的事嗎？怎麼說呢，皇上的確不太願意宣揚這件事，畢竟很多人拿它來中傷皇上，說他搶奪自己兒媳什麼的。但咱們是大唐啊，各種外來風俗遍地開花。咱們是個開放文明的社會，不時興用倫理道德禁錮人，對不對？畢竟之前有過武則天的先例，還有上官婉兒，她們都嫁過兩個皇帝，史官寫她們的時候也沒有刻意抹黑，對吧？要相信咱們大唐，一個健康的社會對此必定是包容的。

小編（乖巧）：好的。但是我依然很好奇，貴妃姐姐……愛皇上嗎？畢竟他比你大二十多歲……

楊貴妃：你呀還是太年輕。我們做女人的，一輩子不就是圖個歸宿嗎？如果有一個男人，他有著全世界最顯貴的權勢，他能給妳提供天下最優渥的生活，他對妳可以後宮專寵，他讓妳的家人享盡榮華富貴，唯一的缺點就是年紀大了點……

小編：我明白了！這不就是小說裡的大叔型霸總男主嗎！愛了愛了！

正當小編和貴妃相談甚歡之時，宮門外突然傳來一陣急促的馬蹄聲，緊接著一匹奔馬闖進了院子裡。那匹馬跑得太快太急，剛停下就倒斃在了院子裡。馬上的騎手也癱在地上動不了，他背後背著一個巨大的包裹。小編嚇得大叫「有刺客」，貴妃笑得花枝亂顫，說這是從嶺南快遞來的荔枝！

小編這個土包子，從來沒聽說過荔枝這種水果。貴妃為了給小編壓驚，特地賜了一顆。媽呀，冰冰涼涼如同醴酪，太鮮美了！吃一顆上天！

比金荔枝更**貴**的，是**貴妃**的荔枝

小編（回味中）：所以這次只有十斤荔枝嗎？

楊貴妃：你好貪心，荔枝這種水果，離了枝頭就開始腐壞，必須用冰塊保

存，從嶺南不斷換馬，快馬加鞭地運來長安，百斤裡也不過有十來斤能吃。眼下人力昂貴，皇上見我喜愛荔枝，特地撥款，讓我一個月能吃上一次。剛才你吃的那顆，要是換成錢，大概能買幾百斤米呢！

小編：天哪，太奢侈了，好有罪惡感……話說，皇上這樣為您破費，朝中大臣不會勸諫嗎？

楊貴妃（笑）：我知道外面的說法。說皇上為了我，修整了華清池，耗費了無數錢財；說他搜羅了各種奇珍異寶，現在還花天價運荔枝；說我這個女人燒錢、禍國，怕把大唐的國庫燒空了，三天兩頭地勸諫。我一開始還很惶恐，跟皇上提出生活不要太奢侈，省下的錢可以充實國庫，可是皇上哈哈大笑，說我天真。他說，我大唐物產豐盈，萬國來朝，難道還養不起一個女人？大唐每年對外用兵，光一個安西都護府的糧草支出就夠我吃一百年的荔枝。還有那些拿著高官厚祿的貴人，誰不是攀比著修府邸修園林，有些比華清池還要耗資巨大。所以後來我也就沒有罪惡感啦。

小編：這麼一說我就明白了。貴妃姐姐您不過區區一個小女子，吃穿用度有限，就算再敗家也不會把大唐敗空的！況且還有皇上撐腰，大舉消費是拉動內需，刺激經濟！

楊貴妃（笑）：你這話說的。我們大唐國庫裡積累著萬代財富，怎麼可能敗空呢？

此時突然有尖利的聲音響起：「皇上駕到！皇上駕到！」小編猝不及防，被嚇得一身冷汗，又趴到了胡床底下。只聽撲啦啦一陣翅膀扇動，從窗戶外面飛進來一隻雪白的大鸚鵡，嘴裡還叫著「皇上來了！」貴妃掩唇而笑，讓人把小編扶起來。小編臉丟盡了！

活久見，**鸚鵡**也能吟詩作賦

小編（強顏歡笑）：好可愛的鸚鵡！貴妃姐姐能介紹一下妳的寵物嗎？

楊貴妃：這是從嶺南進獻的珍奇鸚鵡，我叫牠「雪衣娘」。牠能模仿人語，非常聰明。每次皇上和臣子下棋，如果皇上要輸，雪衣娘就會飛撲到棋盤上，把棋

局弄亂，誰都拿牠沒辦法。

小編：我不信一隻鸚鵡能看出下棋輸贏。肯定是貴妃姐姐妳授意的，對不對？

楊貴妃：(笑而不語)

小編：哎，外面很多人都說貴妃姐姐妳是個花瓶，其實妳還是很有智慧的對不對？這麼善解人意，我要是皇上我也寵妳上天。

雪衣娘：咳咳，安靜安靜，我要吟詩了！

小編：稀奇真稀奇，鸚鵡還會作詩？

雪衣娘：雲想衣裳花想容，春風拂檻露華濃！

小編：自慚形穢，一隻鳥都比我有文化……

楊貴妃（笑）：鳥怎麼會作詩呢？牠只不過是記憶力好，教過的詩詞都能吟誦罷了。這首詩是李白新作的，任誰與之相比都會自慚形穢。

小編（星星眼）：啊對了，妳認識李白！貴妃姐姐說說這個奇人吧！

碼字的最高待遇：力士脫靴，貴妃研磨

楊貴妃：李白這個人啊，很有趣。他是我見過的最能作的男人。

那年賀知章跟皇上閒聊，說他結識了一個俠客，出身西域，劍術精絕；通曉外語，遊歷全國，更兼精通格律，詩詞美文手到拈來，姿容美秀、骨格清奇……簡直和謫仙人一樣。皇上來了興趣，但想來也只是一時興起——我們大唐人才濟濟如天上之星，同樣履歷的才子一抓一大把，沒什麼特殊的。於是皇上讓他做供奉翰林，由國家養著。

皇上攜我出遊之時，經常帶著這些文士一道，讓他們隨行記錄，寫寫詩歌什麼的。李白表現得中規中矩，寫的詩都不錯，但也沒有讓人驚豔的地步。

後來我才明白，他是一個百分百的創作者。奉皇命寫詩，無非描摹美景、歌功頌德，都是命題作文，難以張揚個人風格。李白肯耐著性子給皇上寫命題作文，已經是很給面子。

有一日皇上和我在沉香亭賞牡丹，伶人正要歌舞助興，皇上突然要來個人寫

新篇唱 ——「賞名花，對妃子，豈可用舊日樂詞？」於是皇上想起了李白，召他來作詩。

可是馬上有人來報，說李白喝醉了，正在酒樓呼呼大睡呢！

我看皇上要生氣，趕緊打圓場，說醉了怕什麼，等他來了喝點醒酒湯就行，何必置氣呢。結果我看到周圍侍臣們的臉色都變了，原來他們是怕李白喝醉，寫不出詩，輕則出醜，重則欺君。但那時派去的人已出宮了，我也不好改口。旁人知道我是皇上寵妃，也不敢出言反駁。

我心想壞了，這次要害死李白了。

李白被人抬來的時候，果然醉醺醺得不成樣子。以往皇上也曾緊急召見大臣，那些人也有喝醉在家的，但聽聞聖旨的時候一般都立刻酒醒了。有人進宮的時候臉上還帶著手指頭印子，那是自己扇了自己耳光。但李白不一樣，「聖旨」兩個字對他來說一點沒有醒酒的效果。他被抬進沉香亭的時候還在叫：「扶我起來，我還能喝！」

周圍的人都為他捏了一把汗。皇上也皺了眉頭，但他不是苛責的人，於是叫人調了醒酒湯，命令李龜年給李白灌下去。皇上還嫌他衣服髒，賜了一身新衣命他換上。

李白睜開醉眼看了一圈，大概還帶著起床氣，指著高力士就說，來給我脫靴子！

小編（激動）：我知道我知道！民間好多人都在傳這個段子！聽說當時高力士臉都綠了是嗎？

楊貴妃（笑）：那你就當個段子聽吧。李白脫了靴子，又看了一圈，忽然指著我說，來這個美女，給我磨墨！

小編：這肯定是段子！李白要是真敢讓貴妃姐姐給他磨墨，腦袋早掉了！

楊貴妃：你還是忘了，我們大唐是可以包容一切的。當時的場景，人人微醺沉醉，花香宜人，螢火蟲跳動在草間，歡聲笑語在微風中浮動—此情此景，誰人會不合時宜地發怒？就算是天大的冒犯，皇上也不會追究的。

大夥把李白哄高興了，他詩興大發，還不等皇上下令給他出題，他就抓起筆，一揮而就。

雪衣娘：雲想衣裳花想容，春風拂檻露華濃。若非群玉山頭見，會向瑤台月下逢！一枝紅豔露凝香，雲雨巫山枉斷腸。借問漢宮誰得似，可憐飛燕倚新妝！名花傾國兩相歡，常得君王帶笑看。解釋春風無限恨，沉香亭北倚闌干！

小編：貴妃姐姐不知道吧？在民間，這首詩第二天就洗版了，讓人譜成曲，霸榜霸了半年。大家都說李白肯定是暗戀楊貴妃才寫出這麼真情實感的詩！

楊貴妃（大笑）：當時在場的人臉色都白了，生怕他自己作死連累別人。直到皇上哈哈大笑，賜了他金子，其他人才如釋重負地笑起來，七嘴八舌地湊趣。那天所有人都盡興大醉。

小編：我明白了！皇上身為天下至尊，胸襟大得很，才不會亂吃飛醋，別人越喜歡妳，他越高興，真不愧是天子胸懷呀！

楊貴妃：嗯，其實主要歸功於李白的詩作得好。

小編：所以李白後來被貶出長安，小道消息盛傳是因為他覬覦貴妃，寫詩冒犯所以觸怒皇上……其實並不是這樣的？

楊貴妃：當然不是！但你要知道，李白這人恃才傲物，桀驁不馴，敢在皇上面前醉酒。皇上能容忍他，別人不一定啊。

小編：好像悟出了一些人生道理的樣子……

一舞動人，《霓裳羽衣》原是虐狗神曲

小編：據說李白給貴妃姐姐做的那幾首詩，是皇上親自譜的曲？

楊貴妃：是啊，皇上和我都喜愛歌舞樂器。你聽說過《霓裳羽衣曲》嗎？

小編：聽過聽過！這首歌超流行的！難道……

楊貴妃：是皇上作的。

小編（捧心狀）：還讓不讓人活了……

楊貴妃：是皇上根據西域進獻的樂曲改編的。當年我和他在華清池初見，他就在演奏這首歌。我以為聆聽到了仙樂，不知不覺開始起舞。我自幼學舞，那次是我跳得最完美的一次。

小編：果然是國家承平，人才輩出啊！我等才藝值為零，真是給大唐拖後腿

了……

　　楊貴妃（笑）：跳舞不難的，來，我教你！正好這裡有樂師！

　　貴妃興致來到，給小編一連示範了十幾種舞姿，讓小編模仿。小編不負眾望，多次螺旋摔倒，成功博貴妃一笑。不過後來，貴妃的舞步風格突變，從柔媚旖旎變成矯健活潑，翻躍如風，完全不像是大唐自有的風格。

　　小編（看花了眼）：貴妃姐姐，妳跳的難道是……傳說中的胡旋舞嗎？

　　楊貴妃（笑）：算你識貨，這是最正宗的胡旋舞，是我的乾兒子教我的。怎麼樣，好看吧？

會跳胡旋舞的 **乾兒子**

　　小編（驚訝）：貴妃姐姐妳都有乾兒子了？是哪個宮妃的孩子嗎？

　　楊貴妃（笑）：這個呀，說來很好玩。有個粟特人，出身低微，能言善道。我也不知道他是怎麼得到皇上的青睞。總之，皇上封他做了節度使，時常讓他來宮裡做客。

　　我平日裡在深宮也沒什麼事做，皇上不在的時候也怪無聊，他就陪著我解悶兒。胡旋舞也是他教我的。他才是師父，我只學到了他的三四成，還遠遠不夠火候呢！

　　他很巴結我，不知怎麼的就說要拜我為乾娘。其實他年紀比我還大很多，也不嫌寒磣。有時候進宮當著皇上的面，見了我就拜，讓人笑死了！

　　小編：聽起來很可疑的樣子……貴妃娘娘，小人多一句嘴，這個人聽起來居心不太良的樣子，您跟他這麼親近，可別讓人傳閒話。畢竟並非人人都是李白呀。

　　楊貴妃：哈，你多慮了！這個我解釋不清楚，你看見他就知道了，全長安最不可能跟我傳緋聞的就是他 —— 啊，他來了！

　　隨著宮娥通報，一個長須大漢不請自來。他……怎麼說呢，如果忽略他的身材，他也許還勉強算是個對得起觀眾的長相。但他實在是太胖了！他整個人幾乎是個球，長寬高相等，肚子上的肉垂到了大腿根，每走一步，腳下的厚地毯都凹下去一大截。但是他的步伐卻又奇怪的敏捷，好像那一身肥肉都沒有絲毫重量，

只是吹出來的氣球一樣。小編活了二十年，從來沒見過這等噸位的人類。小編瞬間理解了楊貴妃說的他倆不可能有緋聞……畢竟誰看得上這位肉球大哥啊？

安祿山（叩拜）：乾娘好！乾娘受我一拜！

楊貴妃（笑）：好兒子，快起來！今日娘這裡有客人，你先去跟雪衣娘玩吧。

安祿山（撒嬌）：我不要嘛，我要和娘下棋！

小編聽到這裡一陣惡寒。這個人太不要臉了……取悅貴妃的辦法成千上萬，他選擇了最沒尊嚴的那種。可以想像，皇上對他的喜愛，他的高官厚祿，都是怎麼來的。

楊貴妃：好了，我要和安祿山下棋了。你的採訪時間差不多了吧？我讓宮女送你出去吧，小心別迷路哦！

小編（感激涕零）：非常幸運今天能佔用貴妃姐姐的時間進行採訪，想必想看這篇專訪的粉絲們已經迫不及待了！對了，這是小編代表廣大粉絲送給貴妃姐姐的小禮物，名為鏤空花鳥紋銀香囊，已經通過宮門安檢，貴妃姐姐看看喜歡不喜歡？

楊貴妃（驚喜）：哇，果然是高手在民間，這香囊的樣式我從來沒見過，太獨特了！明天我要拿給皇上看！

採訪到此結束，小編在宮女姐姐的陪送下離開了華清宮。

後記

大家好！現在是天寶十四年（西元755年）正月，小編剛剛結束了為期一小時的楊貴妃專訪，拿到了許多獨家素材，心情十分激動！

這個出身平凡的姑娘被命運眷顧，短短數年內躍升為大唐明宮裡最耀眼的珍寶 —— 她是我們這個時代的縮影。

眾所周知，皇上的後宮主位始終空置，已經數十年沒立皇后。因此貴妃就是實際上的後宮之主。小編注意到，雖然宮女太監們都管楊貴妃叫「娘子」，但她的禮數待遇已經等同於皇后。

不過貴妃姐姐比小編想像的要平易近人，沒有高高在上的架子，就像一個鄰

家大姐姐一樣，不論什麼話題都能聊開。小編清楚地感覺到，她是一個很單純、沒有野心的女孩子。命運贈送給她無數的禮物，她從來不用處心積慮去爭取什麼。

　　粉絲們提出的話題，小編都找機會向楊貴妃提問啦。當然有些話題小編還是不敢聊得太深，比如貴妃的吃穿用度比民間猜想的還要誇張許多，與此同時關中地區正在鬧饑荒，雖然官府有賑災計畫，但小編總覺得不太對勁……

　　不過這些也不是楊貴妃的錯。她並不是皇宮裡唯一一個奢侈的人。她從不過問政治，她只是自然而然地接受皇上的寵愛而已。小編覺得也不能對她要求太高，她畢竟只是一個後宮妃子，國家的事有皇上和朝臣操心呢。小編對我大唐還是很有信心的！

　　在盛寵之下，貴妃的家人都跟著也雞犬升天，公主們甚至都要為她的姐妹們讓路。她的堂兄楊國忠更是做了宰相。至於他的政績嘛，小編不說大家也知道，宰相府門口天天有跪著拉橫幅的。但是很多時政分析家也指出了，我大唐綿延幾百年，靠的是成熟的三省六部制和完整的集體糾錯機制，不太可能因為一個人掉鏈子而禍害整個國家……所以大家不要太有危機感，繼續安居樂業就行啦。

七年後

　　現在是寶應二年（西元763年），距離天寶十五年（西元756年）安祿山叛軍攻入長安，已經過去了整整七年。

　　命運眷顧，長安淪陷的時候小編正在外地親戚家做客，有幸躲過一劫，隨後跟著逃難的大部隊一路南下，最終留在了蜀地。素日裡，小編也不敢出門亂走，只能通過偶爾入蜀的官軍打探消息。他們說聖人退位了，逃離了長安。叛軍在長安燒殺搶掠，將昔日的繁華綺夢變成了人間地獄。他們說大唐的將領在浴血奮戰，卻一個個都沒有落得好結果。高仙芝被人誣告斬殺，哥舒翰被人猜忌，兵敗身死。張巡堅守睢陽，每戰大呼，皆裂血流，齒牙皆碎，書法家顏真卿的兄姪鎮守常山，誓不降賊，慷慨赴義……

　　收復兩京的郭子儀大元帥，剛剛被解除了兵權，賦閒在家。希望他能安度晚年吧。

今年春天，好消息終於傳到了成都。最後一小撮叛軍投降，安史之亂終於要結束了……吧？

雖然天下動亂還遠遠沒有到頭，儘管未來還有著極大的不確定性，但許多思鄉心切的難民們都踏上了歸家之路。小編也迫不及待地定了船票，打算回到故都，找一找家人和朋友。

路上碰到的旅客們都情緒高昂。他們談論著回鄉後的打算，談論著許久未見的親人和愛人，談論著大唐要多久才能重續往日輝煌。

碼頭上有個衣衫襤褸、氣質落魄的大叔，他說自己是詩人，他的很多朋友都在戰亂中失散了，他最崇拜的偶像也於去年去世了，他感到十分寂寞。

他一路拉著小編喝酒唱歌，唱他新作的一首詩。

大唐詩人多，長安城裡扔塊磚頭都能砸死兩三個，小編也沒在意。不過他的詩歌確實挺好的，在此記錄如下：

> 劍外忽傳收薊北，初聞涕淚滿衣裳。
> 卻看妻子愁何在，漫捲詩書喜欲狂。
> 白日放歌須縱酒，青春作伴好還鄉。
> 即從巴峽穿巫峽，便下襄陽向洛陽。

不過大叔最終沒跟小編一起上船，因為他還湊不齊路費。小編和大叔約定，等他攢夠錢了，一起在長安喝酒。

一路上，小編看到昔日的美好田園都成了一片荒蕪，路上很少見活人，就連途經的大城市也人煙寥寥。城牆上還留著戰爭的痕跡：燒焦的箭鏃、帶血的城磚、散發著臭味的護城河……

小編不敢想像長安是什麼樣子。

同行的旅客們也日漸失望。他們漸漸不再談起自己失散的親人，也不再描繪那些東山再起的計畫，大家默默無言地計算著自己手頭的財產，尋思能不能在城裡混口飯吃。

終於到了長安城。小編哭了。

朱雀大街上一片狼藉，繁華的宮殿全都燒毀了，殘磚斷瓦散落一地。以前那些熟悉的商鋪、衙門、大宅子，現在無論如何也找不到痕跡，小編仿佛到了一個假長安城。

這一切都太蕭條了。

小編循著記憶，來到了毗鄰西市的崇化坊，那裡的房屋院落已經破敗，再也看不出以前的樣子。

此刻，小編正坐在家徒四壁的房裡，聽著幾條街外野狗的號叫，讀著當年的稿件，恍然如夢。

在接受採訪的時候，那個光彩四射的絕世美人定然想不到，僅僅一年之後，她那個丑角一般的乾兒子安祿山便起兵造反，殘忍地殺害了無數大唐的子民。而那個看似牢不可摧的大唐，竟然如紙燈花燭一般，看似燃得正旺，只消一陣逆風，便毫無徵兆地碎了，空留一地幻影。

皇上帶著後妃宮人匆匆逃離長安，留下滿城絕望的百姓。

沒人知道，誰該為這場悲劇負責，然而人們在心底的本能驅使下，已經選出了那個負責的人。

為什麼順風順水的日子突然斷了？為什麼奢華舒適的家突然沒了？為什麼昨天還其樂融融的一家人，轉眼間便陰陽相隔？

大唐就是天。人們祖上幾代抑或是十幾代，都生活在這片天空下。為什麼天會塌？

他們要一個解釋，必須有一個解釋。

途經馬嵬驛的時候，禁軍軍士嘩變，要求嚴懲亂國禍根。

他們先揪出民怨纏身的楊國忠，將其寸斬。

楊國忠雖然是個出身市井的爛官，但他也有一些市井的智慧。他從來沒信任過安祿山，幾次提醒皇帝：安祿山可能要造反。只可惜皇上沒聽。

也正是因為楊國忠的忌憚，安祿山才選擇儘快舉兵。所以楊國忠理所當然地成了禍亂的源頭。

皇帝見事態無可挽回，只能順勢宣稱楊國忠是亂朝禍患，早就該死了，殺得好。

畢竟天下都是他的，他可以寵你，提拔你，給你榮華富貴，但他也能把這一切收回去。

但是禁軍還不滿足。他們踏著楊國忠破碎的屍體喧嘩，說「賊本尚在」，說禍國之根在紅顏。沒有楊貴妃的蠱惑與消磨，皇上不可能沉淪於奢侈享樂，置國家危難於不顧。

楊玉環驟然發現，昔日那些對她極盡追捧、逢迎、獻媚、阿諛的男人們，那些見了她就走不動路，兩眼發出渴求的光的男人們，突然都轉變了態度，露出一張張惡狼似的臉，憎恨至極的目光投在她身上，仿佛要將她凌遲。

皇帝當然是捨不得的。小編也聽說了很多個版本的傳聞。有的說他摟著貴妃痛哭一場，最終掩面而去，任由她被憤怒的軍士殺死；有的說他為了安撫軍心，無奈令她白綾自縊，好像只是處置了一件珍貴的財產；有的說他朝貴妃跪下了，求她救救自己……

總之，皇帝屈服了。他放棄了楊玉環，放棄了那個被他從兒子府裡奪出來，送進道觀出家五年，最後頂著滿城風雨和緋聞謠言接進宮的那個絕代尤物。

如果李白在場，他大概會拔劍大怒，吼一聲：「爾曹安敢如此！」

但皇帝身邊沒有李白。所有人心照不宣地看著貴妃走向她的末路。包括壽王李瑁，他跟在皇帝身邊逃難，盡職盡責地撫慰軍士……

小編同坊的鄰居大哥是個退伍軍人，經常吹噓他曾經護送皇上入蜀。他說皇上對貴妃很是不捨，在平安返回長安之後，曾經派人尋訪她的屍首，祭奠改葬。

這個鄰居大哥奉命前去尋找，找到當年楊貴妃的埋骨之處，發掘之後才看到，佳人屍骨已朽壞不見了，唯有香囊一件，還留在原處，散發著微弱的香氣。

小編看到他拿來的香囊，驚訝得說不出話。這不正是當年小編代廣大粉絲贈送給楊貴妃的那個禮物嗎？

這不過是她每日收受的成千上萬件禮物中的渺小一件。她逃難時拋卻了大部分奢侈品，匆匆將它攜在身上，大約也是對日後自己的命運有所預感，想要刻意低調一些吧？

只是她知曉得太晚了，命運贈送給她的每一樣禮物，都在暗中標好了價格。

不覺已經寫了幾個小時，天快黑了，如今長安城裡燈燭昂貴，小編沒錢熬夜，只好寫到這裡。

有人可能會笑話小編，日子都過成這樣了，還有閒心寫什麼稿子。

小編想說，經歷了一次如此大的災難以後，要說還有什麼對生活的感悟，那就是任何時候都不要放棄希望。

當年的皇上已經駕崩，楊貴妃仙逝，安祿山這個大混蛋也被他的親兒子刺死在床上 —— 他們已經成為歷史的一部分。但是小編還活著，這已經能說明一切了！

多災多難的大唐一定會恢復往昔的榮耀。我們還會有更多的詩人，更多的美女，我們還能寫出更多的詩篇和傳奇。

也許有朝一日，會有人把楊貴妃的生平經歷編成詩歌，讓後世記得，曾經有過這樣一位璀璨的美人，矗立在這個璀璨的時代。

文／顧閃閃

玄奘法師
經書簽售會

在長安大慈恩寺內舉辦
現場火爆，粉絲尖叫不斷

簽售當天，玄奘法師攜最新遊記《大唐西域記》親臨現場，並向大家講授最純正的天竺經書。這是玄奘法師自返唐後的第一次簽售，意義重大，今上和不少朝中大臣都送來鮮花祝賀。這些年來，法師為追求真正的佛法，走遍了兩百多個國家和城邦，並將所見所聞都濃縮在了這本《大唐西域記》中，這樣的經典好書，可絕對不能錯過。

除僧侶外，寺內還聚集了許多閨秀女眷。她們裝扮隆重，一大早便排起了長隊，只為能求得高僧的親筆簽名。玄奘雖為出家人，這幾年來卻長居「唐朝女子夢中情人排行榜」榜首，問卷調查顯示，在她們心目中，玄奘的魅力點包括並不限於長得俊、

大唐西域記

出過國、會超度、精通小語種……

　　小編費了九牛二虎之力，才擠進人群，終於問出了那個大家都想知道的問題：「有消息稱，您返回長安後，聖上曾多次堵在寺門口，強迫您還俗，請問這是真的嗎？您是怎麼想的？」

　　玄奘：「感謝聖上好意，但貧僧以身許佛，再難許君。」

　　眾女眷：突然興奮到模糊。

　　當日也有許多製作人到場。他們紛紛開出高價，請求將玄奘法師西行路上的各種奇特經歷改編成劇本，並誠邀高僧本人領銜主演。業內預測該劇一旦播出，定然會賣座，起碼紅到每年暑假都會重播的程度。對此，法師表示無意參演商業劇，但本著寬厚為懷的理念，將開放同人授權。

大文豪韓愈
刊發新作《祭鱷魚文》正式向潮州鱷魚宣戰

　　是的，你沒有看錯，這就是韓愈給鱷魚下的戰書。作為偉大的文學家、思想家、哲學家兼潮州刺史韓愈於某年某月某日，親自帶領著軍事衙推秦濟和一隻羊、一頭豬來到了潮州的惡溪邊。

　　韓愈問秦濟：「先扔哪一個？」

　　秦濟：「先扔羊？」

　　韓愈：「恭喜你，豬也是這麼想的。」

　　這當然不是腦筋急轉彎現場，韓大人這是要為民除害，給惡溪的鱷魚一點顏色看看。大家都知道，鱷魚是水陸兩棲的猛獸，一口一個小朋友，對周邊鄉鎮危害極大，一般人都拿牠們沒有辦法。但韓愈作為一個敢與皇帝和佛骨硬剛的狠人，區區爬行動物不算什麼。

　　作為一個講究人，他採取了先禮後兵的策略，不

只給鱷魚先備好了祭品，還寫好了祭文，文章通篇主題只有一個：「聖明天子腳下，我給你們個機會。三天之內，趁早游回亞馬遜。三天不行，五天；五天不行，一個星期。到時候爾等再冥頑不靈，皆可殺。本刺史會派出特警，帶上強弓毒箭，必將你們殺光。你們可不要後悔啊。」

眾鱷魚：「這個人說起狠話來好可怕，必定是個腹黑的，快溜快溜！」

大唐第一本八卦雜誌《酉陽雜俎》創刊 購買者擠壞門檻

經歷了春夏秋冬、四時變換，雖說主編段成式也沒怎麼努力，但《酉陽雜俎》好歹算是和大家見面啦！

段成式告訴我們：「創辦《酉陽雜俎》這本刊物，是一次全新的嘗試。在這之前，沒人想過這些上不了檯面的小道消息、八卦新聞也能輯錄成書。

「就比如說荊州有個叫葛清的人，是白居易的『腦殘粉』，可能覺得光『腦殘』不夠帶勁，他還自殘。為了體現對白居易的愛，他把自己喉結以下的皮膚上全部都紋滿了白居易的詩。一筆一畫，圖文並茂的，看著就肉疼。這件事呢，就很沒有意義，但也值得我們記錄下來……

「咳咳，我是說，我們致力於將它打造為大唐最親民、最接地氣的書刊。不看《酉陽雜俎》，你就跟不上當朝熱點；不看《酉陽雜俎》，就連嘮家常你都搭不上話。正因如此，我們這本書賣得特別好，發售當天，即刻告罄。目前《酉陽雜俎》的姊妹刊《錦里新聞》正在籌備中，還請大家多多支持！」

大女主時代來臨

《紅拂女》《聶隱娘》《紅線》 三部武俠巨製同期院線上映

誰將成為最終贏家

\\\\\\\\\\\\\\\\\\\\\\\\\\\\\\\\\

　　近來大家聊得最多的，就是暑期即將上映的幾部武俠巨製吧？眾所周知，這三部戲的女主角咖位相當，又都是打星出身，還都有望提名本年度的金荔枝獎，競爭不可謂不激烈。今天難得她們同時到場，就讓我們採訪一下她們此刻的心情。

　　記者：紅拂女是第一次接演這麼高難度的打戲，作為前輩，聶小姐有什麼建議給她嗎？

　　聶隱娘：祝她成功吧，因為這個很難演。我也不知道導演為什麼要請她，可能是起到了一個……美觀上的作用？

　　紅拂女：多謝，打戲上我必然還要和聶姐姐多取經。之前我有幸去過一次聶姐姐的片場，當時正好在拍手起刀落斬人頭那段。我在旁邊看著，就覺得，天啊，誰敢娶這樣的女人啊？

　　紅線：這話說笑了，大家都是女俠，談嫁人多小家子氣。你看我們，不是也沒開口比出身嘛。

　　紅拂女：……

　　記者：今天難得「雙紅」同台，請問兩位有什麼想說的嗎？

　　紅拂女：我們兩個的名字比較像嘛，就經常容易被路人搞混。這次難得我們倆同期上新片，我覺得非常榮幸。

　　紅線：是啊，雖然我們常常被外界拿來比較，但我們私下裡其實是好姐妹。說起來，這已經是本月紅拂女和她丈夫第六次一起出現在熱搜上了吧，想不印象深刻都很難呢！

　　記者：聶小姐與雙紅的感情如何呢？據說之前她們倆曾在劇組孤立你，請問這是真的嗎？

　　聶隱娘：無可奉告。問完了嗎？問完了我就先不奉陪了啊，我還要趕下一個殺人現場。

文/顧閃閃

新歌速遞
XINGES

太宗皇帝的千層套路

♡ 喜歡　　▣ 收藏　　▣ 下載　　⇪ 分享

　　歡迎收看本期新歌速遞，分享好音樂，我們在路上。

　　七夕馬上就要到了，這幾天有不少讀者問我，尋常人家都祈求兩情相悅、舉案齊眉，那麼皇室之中是否也有真愛？大家有這樣的疑惑並不奇怪，六朝以來，我們看過了太多的同室操戈，似乎很難想像天家夫妻褪去莊嚴、恩愛有加的樣子。

　　但我想，一定會有的。

　　誠然，皇城之內多得是政治聯姻，在權力的陰影下，情愛似乎都成了套路。但總有人會向我們證明，風雨飄搖之中，也有脈脈溫情。

　　今天就讓我們一掃平日的壓抑低沉，請聽這首來自初唐樂團的《太宗皇帝的千層套路》！

·點擊收聽·

太宗皇帝的千層套路

· · · ·歌 詞 展 開· · · ·

亂世中結緣要先下手為強，
認定好妻子更需要獨到眼光。
選新娘的時候毫不猶豫，
優柔寡斷的可絕對NG！

龍章鳳姿加上天日之表，
傳說中的真龍天子就是朕。
想打動長孫家千金得具備這三種品質：
顏值、武力和智謀。
顏值這東西自少年就有，
成年後武力值更是爆表，
登基後智謀達到了巔峰，
巔峰喲——

青梅竹馬是甜寵標配，
十三歲就將她娶進家門，
但這不是終點，
比洞房花燭更要緊是得到她的心。
與大舅哥長孫無忌搞好關係，
成功率會暴增兩成，
天下大亂的時候，
最能顯現出氣魄和膽識。

男子漢可以千里外作戰，
一旦危險就以穿雲箭的速度趕到她身邊。

玄武門之變後成為皇太子，
真正的考驗才剛剛開始。
毫不畏懼地執掌前朝，
因為愛妻是我永遠的支持！
好不容易登上皇位，
又有大臣站出來勸諫和諷刺，
道理朕其實都懂，
就是時不時想看看皇后為朕著想的樣子。
想撒嬌的話就說：「真是氣死朕了！」
想服軟的話就說：「朕現在明白啦。」
若無其事地搪塞過去就當是，
宮廷小情趣①。

用膳也是相處關鍵，
寧可吃素也要照顧她口味清淡。
政事之餘還要派人尋遍民間，
只為了找她愛吃的蜜碗。
沒自信的男人才會追求後宮三千，
朕這樣的漢子才不會
搞什麼多角戀，
可是半天見不到皇后就會忍不住思念。
裝作不小心溜進後花園，

① 《資治通鑑·卷第一百九十四》：上嘗罷朝，怒曰：「會須殺此田舍翁。」后問為誰，上曰：「魏徵每廷辱我。」后退，具朝服立於庭，上驚問其故。后曰：「妾聞主明臣直；今魏徵直，由陛下之明故也，妾敢不賀！」上乃悅。

隨口道：「可有閒情同朕轉一轉？」

戰略性寵妻！

大唐明君的「婚戀小課堂」

都：都是皇后之功！

是：是朕考慮不周。

朕：朕聽梓童噠。

不：不愧是皇后。

好：好詩好詩，得裱起來。②

不堅強的話，就無法獨自生活；

不清醒的話，就無法公正治國。

想哭的夜晚也不是沒有，

但一想到天邊的妳就又能笑著面對了。

也正是因為有妳在前方等著我啊！

這只手上那只手，

疊加起來的

清新又虐狗的

這樣永不過時的套路，

這個套路，那個套路，

疊加起來就是太宗皇帝寵妻的

連環套路。

·· 致敬雪印冰淇淋廣告歌曲《 カサネテク》··

世民老師，教教我吧！

~~~END~~~

聽了大唐皇室最新單曲《太宗皇帝的千層套路》，不知道大家是不是又酸了呢？都把「檸檬」打在螢幕上！這首單曲自面世以來，由於其歌詞實在是太甜了，在街頭巷尾廣為傳唱，堪稱「女生聽了會落淚，男生聽了被罰跪」，萌倒了一片cp粉不說，更有小粉絲舉手提問帝后感情持久保鮮的秘訣。為此，我們特別根據太宗皇帝的感情經歷，為大家擬了一套測試題，話不多說，快拉男朋友來測一測。

Q1.

準岳父去世，未婚妻和準岳母被趕出家門，事業上升期的你會如何對待這份婚約？

A 絕口不提，反正婚約的年頭也久遠了，多一事不如少一事。

B 納她為妾，供她吃穿，也算仁至義盡。

C 三書六聘，娶她過門，互敬互愛，舉案齊眉。

答案解析：C

如果這一題都能答錯，你基本也就告別歷史劇男主角了。

《論語》中說：「人而無信，不知其可也。」太宗皇帝從小就明白這個道理。照理說長孫氏出身名門，她的父親

②《古今女史卷八》：長孫皇后，唐太宗文德皇后也……嘗作《遊春去》，帝見而誦之，嘖嘖稱美……

長孫晟是「一箭雙雕」的英雄，母親亦是王室貴女，與唐國公李淵家可謂是門當戶，雙方便為子女早早牽好了這條紅線。誰料天有不測風雲，長孫晟突然去世，家中立即上演了一出倫理劇，長孫氏做了一回「灰姑娘」，和母親及哥哥長孫無忌一起，被異母兄長孫安業趕出家門。

舅舅高士廉好心收留了他們，但這也非長久之計，舅舅便想著，要是能給我們小姑娘找位白馬王子就好了……哎，上次長孫無忌帶來的那個好朋友我看著就不錯。

十五、六歲帥得晃眼的李世民：「是在叫我嗎？」

長孫無忌頓悟：「說起來你和我妹是不是剛好有婚約？」

李世民欣然踐諾，長孫氏羞答答地嫁了過去，一椿天賜的姻緣，就這麼成了。

Q2.

夫人喜愛讀書，頗有才情，今日逛園子後，竟寫出一首頗具小女兒情態的詩，對此你的反應：

A 拿在手裡，時時吟誦，嘖嘖稱讚。
B 家務做完了嗎？一天天淨整這沒用的！

C 滿紙的情啊愛啊，你是不是在外頭有人了？

答案解析：A

選錯的鋼鐵直男活該單身！

太宗皇帝之所以對長孫皇后又敬又愛，不僅僅因為她賢良端莊，更因為她是一位蕙質蘭心的才女。她雖為名將之女，卻喜愛讀書，既有家國天下的大局觀，又常存細膩仁善的巧心思，常常以典故勸說太宗皇帝。若不時常讀書，是做不到這一點的。

對了，長孫皇后還喜歡寫詩。她曾寫過一首《春遊曲》，遣詞造句在好詩無數的大唐並不能算作絕品，但太宗皇帝看後卻反覆吟誦，不住稱讚。當被問及原因時，太宗皇帝擺擺手：「『林下何須遠借問，出眾風流舊有名』，寫得多好啊！我們初見時我對她的印象就是這樣的！算了，你們當時不在場，不懂。」

打擾了。

總之，遇到此種情況，請男士們謹記太宗皇帝寵妻的五字真言：「誇就完事了。」

Q3.

近來天氣燥熱，夫人胃口不好，請問你

作為丈夫，該怎麼辦？

A 天熱就吃不下飯？女人就是矯情。

B 耐心詢問夫人口味，四處搜尋夫人可能愛吃的清淡食物。

C 一定是廚房怠慢了，快將大魚大肉端上來給夫人補補！

答案解析：B

強調多少遍啦，細心體貼是好男友的加分項啊！

你們學學太宗皇帝。傳說皇后娘娘產後身體不適，沒有胃口，把太宗皇帝急得團團轉，派人四處尋訪符合皇后口味的美食。咱們吃的蜜碗就是這麼在長安火起來的。中原本沒有石榴，也是因為皇后喜歡吃，太宗皇帝才從西域引進了「御石榴」。閒暇時候，太宗皇帝還常常與長孫皇后一同避暑閒逛，陪伴在她身邊。著名的碑帖《九成宮醴泉銘》就是帝后在九成宮避暑時，為紀念偶然發現溫泉之事而作的。忙碌永遠不是粗心的理由，各位丈夫捫心自問，再忙能忙得過人家一國之君？

Q4.

你與勸諫的屬下大吵了一架，夫人見你怒氣沖沖，上來勸說，這時你會對她

說：

A 「夫人說得有理，是我急躁了，我再想想。」

B 「邊去邊去！沒看我在氣頭上，現在天王老子來了都不管用。」

C 「妳一個婦道人家，還來管起政務上的事了，我看妳是想翻天！」

答案解析：A

年紀輕輕的，官位不高，脾氣還挺大，都誰選錯了舉手我看看？

要不是出於對你的關心，哪個女子敢頂著丈夫的怒氣直言勸說？我大唐文化娛樂活動這麼豐富，打打馬球逛逛街不好嗎？下面讓我們來採訪一下滿分獲得者的心路歷程：「陛下，您與魏徵大人爭吵後，皇后娘娘犯顏直諫，請問對於這件事您心裡是怎麼想的呢？」

唐太宗[3]：「太好了，皇后終於願意和朕聊聊政務了！平時朕纏著她問，她都不肯開口……」

陛下，草民合理懷疑您是故意找魏大人約架。

Q5.

夫人早逝，親友和屬下都勸你續弦，且天下美人都任你挑選，你會如何抉擇？

---

[3]「太宗」為李世民的廟號。廟號是古代君主在廟中被供奉時所稱的名號，大多死後才有，此處出現僅為便於稱呼。

A 還有這麼好的事？怎麼不早說？馬上續馬上續！

B 夫人去後，時時思念。一人之齊，終身不改。

C 夫人已去世數年，家中也需要一個女主人，我如今再娶也不算對不起她。

答案解析：B

這道題其實難度很大，男士們猶豫也在情理之中。長孫皇后離世得早，薨逝時年僅三十五歲，但太宗皇帝的皇后始終只有長孫氏，大抵也只有「放不下」這三個字能夠解釋了吧。

太宗皇帝與長孫皇后並肩闖過了隋末戰亂、太子之爭，又攜手走過了貞觀盛世，他們一同經歷了太多，遠非尋常人家可比。玄武門之變時，長孫皇后親自慰勉將士，軍心大振；後來太宗病重，又是皇后衣不解帶地侍疾，並把毒藥藏於衣帶中，決心如若丈夫有何不測，自己「義不獨生」；臨終之際，她還在勸說太宗皇帝不要重用自己的哥哥長孫無忌，以免引起外戚之禍，真真擔得起「皇后的品格」。

她與太宗，不只是天家帝后，更是真正的患難夫妻。

這樣一位賢妻，叫太宗皇帝如何不想念？作為史上最會誇妻的皇帝，他不僅常把「佳偶」、「良佐」掛在嘴邊，還史無前例地為皇后加上了複諡「文德」[4]，甚至還建起了一座層觀，用來眺望長孫皇后的陵墓，就像妻子仍伴隨在自己身邊。

可這種行為卻遭到了朝臣的反對。魏徵甚至直接出言內涵：「看您這麼想妻子，那一定不想爸爸嘍？」（哪兒都有您），面對這種又槓又硬的言論，太宗皇帝氣不打一處來，由衷想職場霸凌魏徵一番，但想起長孫皇后昔日的勸諫，還是作罷。

貞觀二十三年，太宗皇帝駕崩，入葬昭陵，真正做到了與長孫皇后「生同衾，死同穴」。

---

[4]長孫皇后之前，皇后都是只有單諡，死後冠以夫諡，形成雙諡。但由於長孫皇后在唐太宗心目中的地位極其特殊，因此逝世後便獲得了「文德」和「順聖」兩個諡號，以表皇后生前集各種美德於一身。

大唐ICON
晉級之路

文/夜觀天花板 瑤華

·美食篇·
·美景篇·
·健身篇·

美食篇・名門閨秀最愛的精緻小食

MEI SHI PIAN
MING MEN GUI XIU ZUI AI DE JING ZHI XIAO SHI

———————

　　長安城的名門閨秀，都吃些什麼零嘴或下午茶？小編在東市附近觀察了兩個月，收集入苑坊、勝業坊和安仁坊的王女與公主們的採買之物，最後總結出以下名門閨秀最愛的精緻小食。通過測評，小編真的找到寶藏了。這些小食唇齒留香，味道絕佳！

本幫網紅最是那一扗雪似的酥山

　　在大唐，人們都愛吃些甜甜膩膩的東西。男神王維曾有詩云：「蔗漿菰米飯。」蔗漿就是甘蔗汁，用它拌米飯，想像一下，這在大唐都是日常操作。

　　這種全民嗜甜的環境催生了本幫新一季的網紅小食 —— 酥山。

　　大唐所謂的「酥」，其製作方法十分精妙。首先需要選散養牛產的上好牛奶，小火加熱，反覆熬煮。接著，這些牛奶漸漸就變成了冒著牛奶脂肪特有香氣的固體，就像奶油或奶蓋，口感柔軟、蓬鬆、細膩，嘗起來像輕飄飄的雲，又像小雨般滋潤，正合了那句「天街小雨潤如酥」。

　　酥有許多種吃法。可以把它攢到茶水裡，也可以把

● 酥山

它抹到糕餅上。但口感最好的做法，當屬酥山。

業餘美食博主、專業文人王泠然為了讚揚酥山，專門寫了一篇《蘇合山賦》──「雖珍膳芳鮮，而蘇山奇絕。」（大唐人愛把「酥」寫成「蘇」。）

王泠然在賦中詳細記錄了酥山的製作工藝：在酥裡加入蜂蜜和糖，使它變得更為甜美，再把酥加熱到快要融化。然後，把酥一點點滴淋在盤中，形成山巒的造型，再將其放置冰窖冷凍。此時的酥山便牢牢地凍在盤子上，瞧上去如雪嶂冰巒，明麗透亮。此外，王泠然還特意強調整個製作過程要「素手淋瀝」，糙老爺們做不得酥山。

細細品味王泠然的描述──這不就是冰淇淋嘛！這還是高檔無添加、純動物奶油的冰淇淋！

大唐的貴族小娘子們講究。酥山端上來前，小娘子們還要在上面插上人工的彩樹、紅花。這頗有點類似如今的漂亮小姐姐們聚在一起喝下午茶時，喜歡挑選高顏值的小食──不然怎麼拍照發社交平臺？

莫說小娘子們了，就是咱們的章懷太子，也嗜吃酥山。他經常讓身著男裝的小侍女捧著插有彩花羅勝的酥山，隨時為他餵上兩口。這事甚至被太子複刻到了陵墓的壁畫裡。

對了，最近酥山出特調了，除了單純的奶油味酥山，還出現了「貴妃紅」的紅色酥山、「眉黛青」的綠色酥山，猜猜裡面分別加了哪些料？這裡小編先賣個關子，等你們去買著吃了，自己尋到答案。

櫻桃畢羅
櫻桃界的隱秘冠軍

咱們大唐最受歡迎的水果是什麼？

針對這個問題，前幾年長安人做過一次全民投票。最後選出的水果，其票數一騎絕塵，將第二名遠遠甩在身後。這種水果就是大唐水果之王──櫻桃。

年年進士放榜的點剛好挨著櫻桃成熟時，又因為新科進士的歡慶筵席上一定會出現櫻桃，所以大唐的進士及第宴又叫櫻桃宴。前些時候劉鄩的三兒子劉覃及第，據說賓客們一共吃

掉了幾十棵樹產出的櫻桃呢！

當然也有不喜歡櫻桃的「專業黑」。例如蕭穎士就寫過《伐櫻桃賦》，說它的味道上不了檯面，「豈和羹之正味」。

可大唐人用嘴投票，依舊愛吃且多吃櫻桃，並鑽研出種類繁多的櫻桃美食。一到農曆五月，櫻桃成熟，長安人就吃開了。其中最常見的當屬糖水櫻桃，其做法是用冰鎮過的蔗漿泡櫻桃。這樣一來，冰塊的清冽和甘蔗的甜美混合在一起，櫻桃更加清爽解膩。《唐摭言》裡對這種消暑解渴的冷飲讚了又讚，大唐男神王維亦讚不絕口，感歎「飽食不須愁內熱，大官還有蔗漿寒」。敢情王維吃什麼東西都拿蔗漿拌？可真是個糖分王子。

此外，乳酪澆櫻桃也頗受歡迎。這是從魏文帝那會就逐代傳下來的古典小吃，其做法是將櫻桃剖開、去核，盛在盤碗中，然後在上面澆上乳酪。你可以吃一口櫻桃，嘗一口乳酪，也可以把它們攪拌到一起吃。咱們大唐閨秀聚會擺宴席，這是必須出現的壓軸小食 —— 一人捧一個小碗，吃著甜甜的美味，聊著哪家鋪子的長裙是最新款，哪位郎君最好看。甚至連兩儀殿中，各宮的娘娘們都

櫻桃畢羅 ●

常常用琉璃碗盛櫻桃杏酪，就著米酒小酌呢！

以上這些，都是櫻桃的大眾吃法。除此之外，櫻桃還有一種更精緻的吃法 —— 櫻桃畢羅。畢羅是一種內包餡料的麵食，能蒸能烤。它分鹹口和甜口，鹹口是蟹黃畢羅，甜口則是櫻桃畢羅。製作這道甜品時，小娘子們需要採摘新鮮的櫻桃，將其與蔗漿、蜂蜜以及不外傳的調料混合，一起熬製成櫻桃醬。這種櫻桃醬就是畢羅的餡料。畢羅蒸熟之後起碟盛出，內裡櫻桃色一點兒也不變，襯著外皮透出淡淡的粉色，就像陽光下閃爍的紅寶石。咬一口，外皮的軟糯和餡料的酸甜果香彼此融合，風味十足。此時再看被你咬缺的那一口，合著光色，珊珊可愛。沒有嘗過，你會後悔。

巨勝奴
卡路里的快樂

巨勝奴不是誰的小名，更不是誰家奴隸，而是一種食物。「巨勝」是黑芝麻的意思，「奴」寓意著小，即不重要的東西。所謂「巨勝奴」，是一種黑芝麻小食，據說千年後的人，把它叫作饊子。在製作時，需要把揉得勁道鬆軟的麵團扭成麻花狀，並在上面綴上黑芝麻。然後，將麻花狀的麵團扔下鍋，過油一炸，麵團立刻變得蓬鬆。趁熱撈起食用，咬一口，饊子在口中碎掉，滿口酥渣。這是碳水「炸彈」，更是快樂源泉。

說來，哪一位大唐人又能逃過碳水快樂呢？另一款小食——「見風消」同樣深受歡迎。它的製作方法並不複雜：把玫瑰，桃仁，白糖，黃桂和麵粉裹在一起，合著豬油，反覆捏成軟麵團後，再將其掛著風乾。等到想吃時，把風乾的麵團往油鍋裡一扔，見風既消。千年後人們稱這種酥脆香甜、薄如蟬翼的美食為「泡泡油糕」。

無論是巨勝奴還是見風消，長安時髦的小娘子吃它，必要搭配上一碗「冷蟾兒羹」。這種羹湯由蛤蜊熬製，熬熟以後將其放涼，並加上冰塊，看起來晶瑩剔透。這款羹湯與巨勝奴搭配最為合適。若是覺得巨勝奴過於乾膩，便可以喝兩口冷蟾兒羹——既能養顏補充營養，又能減少吃油炸碳水的負罪感。

巨勝奴

婆羅門輕高麵
道地天竺風味

我們大唐人取名特別優雅。混了羊奶或牛奶的大饅頭，我們叫它「金乳酥」；印花的圓形面片下鍋煮一煮，我們叫它「漢宮棋」。而蒸糖果子，我們叫它「婆羅門輕高麵」。

這道點心是由婆羅門高僧帶來的。這些高僧從天竺來到長安，他們帶來的稀奇點心，都是小巧且帶有佛意的。

小編在這裡推薦的這家勝業坊果子鋪，由天竺糕點師開設，屹立二十

年不倒，是道地的家鄉風味，在整座長安城都享有美名。許多貴族小娘子表示，她們從小吃到大呢！

這家鋪子做的婆羅門輕高麵，要求製作者釀酒的時候留下最陳香的酒麴，將其存在地窖裡，而後用麥粉與粳米粉混著牛奶糅合團狀，在其中混上酒麴，再蓋好發酵，麵果子就發得又輕又高，顯出美人尖。接著再把麵果子放上蒸籠，不一會兒，酒香和奶香就撲鼻而來。熱乎乎拈一個在手

裡，輕輕咀嚼，Q彈的感覺仿佛在蕩鞦韆，完全不會塞牙。據說長寧公主的宅邸正好在這家天竺果子鋪旁，公主幾乎日日回購婆羅門輕高麵。跟著公主買，準沒錯！

● 婆羅門輕高麵

NO.2 美景篇・千秋節去哪玩？大唐網紅娛樂打卡

MEI JING PIAN
QIAN QIU JIE QU NA WAN DA TANG WANG HONG YU LE DA KA

八月初五，一年一度的「千秋節」（唐玄宗李隆基準大臣上奏，將自己農曆八月初五的生日定位千秋節）又來啦！

這是大唐最盛大的假期，「天下諸州咸令宴樂，休假三日」，大家除了互贈千秋鏡以外，有沒有想好去哪兒玩呢？

小編在這裡送上一份千秋節遊玩指南，搜羅大唐最in娛樂方式。大家可以提前安排行程，歡樂地度過本年的限定假期！

前方高能！ 發福利啦！

今年的大唐「春晚」，千秋節官方慶典主題是《千秋樂》，由教坊委託龜茲人白明達執導，將充滿濃濃的龜茲風格，令人期待！

其中，由玄宗陛下親自編寫的《霓裳羽衣曲》將首次對外公演，本節目的領舞由娘娘的侍女張雲容擔任。同時，導演團隊還將精心挑選三百名十五歲以下的少女齊舞。大家可以想像一下：少女宮人們穿上漂亮的錦繡衣裙，自帷幔中飄飄而出，場面恢宏又縹緲！

唐 閻立本 《步輦圖》（局部）

除了《霓裳羽衣曲》，少女們還將在本次慶典上表演字舞。她們以身布地，以變幻的佇列來表現文字圖案，極富觀賞性。

深受大家喜愛的舞蹈家公孫大娘，也將在千秋節慶典上表演劍舞。她持劍姿勢極為颯爽，如后羿射落九日，又如龍飛鳳舞，帶著雷霆萬鈞之勢，不容錯過！

當然，除了翩翩起舞的小姐姐們，節目單中也不會少了炫技的小哥哥們。導演團隊挑選了數個相貌清秀的少年演奏《傾杯樂》、《千秋萬歲曲》。在這震撼人心的伴奏中，我們的舞馬勇士將在安設的三層木板上策馬。他們旋轉如飛，如履平地。舞馬結束後，還將有上百匹大象、犀牛入場，給大家帶來大唐新奇的馴獸表演！

最後，小編溫馨提醒，如果去看《千秋樂》，一定要守到最後哦，將有壓軸大戲 —— 玄宗陛下和貴妃娘娘登樓向百姓致意，設宴佳餚名膳，全城同歡！

逛一逛千秋節的花萼樓

絕佳地點：花萼相輝樓
詳細地址：勤政務本樓附近

後人只知江西的滕王閣、湖北的黃鶴樓、湖南的岳陽樓、山西的鸛雀樓是四大名樓，卻不知花萼相輝樓不僅與這四樓並稱「天下五大名樓」，且有天下第一名樓的稱號。

這個美好的名字來源於《詩經》中的「棠棣之華，鄂不韡韡。凡今之人，莫如兄弟」。在這句詩中，「華」通「花」，「鄂」通「萼」，「韡韡」是光明的意思。兄弟間的手足情，就好像這相輝的花萼一樣。當今陛下唐玄宗感念自己的兄弟，故為此樓賜名「花萼相輝」。在花萼相輝樓的街道對面，是諸王所居的安興坊和勝業坊。諸王的宅子離得很近，無事的時候，玄宗陛下登上花萼樓聽著李龜年的樂聲從諸王的宅子裡飄來。每逢此時，陛下便可命高力士速速傳旨，召來兄弟共奏一曲。

有事的時候，陛下在花萼樓接待扶桑的遣唐使、舉辦國宴。著名的遣唐使阿倍仲麻呂就曾向陛下述說他對長安的喜愛和眷戀。

五代 顧閎中《韓熙載夜宴圖》（局部）

　　而到了千秋節期間，花萼樓將會變成長安文化藝術中心，萬民同樂！相關娛樂活動有且不限於：大陳山車旱船 —— 藝人們將在旱地模擬水中行船；尋橦 —— 讓你目睹衝鋒車特技；走索 —— 高空驚險雜技，令你屏住呼吸；丸劍 —— 鈴和劍都會讓你眼花撩亂。

　　除此之外，還將上演諸多熱戲（才藝比賽），有實力的百姓請在安排行程的同時，也可以提前報名。小編在這透露一點點參賽名單：書畫場大牛吳道子、顏體創始人顏真卿都已經報名啦；音樂場實力vocal 念奴，李龜年兄弟男團都將參賽！悄悄說一句，公孫大娘在勤政務本樓表演完後，也會直接來參加舞蹈場的比賽哦。

　　「八月平時花萼樓，萬方同樂是千秋」，還猶豫什麼，快來花萼樓同樂吧！

姐妹們，秋遊去

絕佳地點：曲江
詳細地址：長安城東南隅地勢最高處

　　自從上次貴妃娘娘和兄妹們坐上裝飾著綾羅的牛拉大車，並讓樂伶們一路奏樂遊覽曲江後，曲江立即成為新晉網紅景點。小編預測，此次千秋節，曲江將會擠滿了人，「園林樹木無閒地」！

　　如果妳也打算去曲江，請務必熟讀以下攻略，提前準備！

首先，欲模仿貴妃娘娘乘坐牛車彩樓的姐妹們，曲江管理處已統一在芙蓉池附近設立停車場。車位數量有限，早去早停豪車。

其次，杏園附近將開展鬥鞦韆大賽，姐妹們，鞦韆高高盪起來！別忘了多年前的女子鞦韆大賽冠軍名叫武則天……

此外，樂游原將作為野餐場地，在千秋節期間對外開放。各位姐妹，別忘了我們大唐女子傳統習俗 ——「裙幄宴」。大唐女子郊遊野餐，不需要帷幔遮擋。若是誰選中了景色好的目的地，便可以即時解下裙子，攤開掛在竹竿上結成宴幄。所以趕緊打開妳的衣櫃，選好最靚最吸睛的裙子！友情提醒，裙幄宴間會玩小小射箭遊戲，別忘帶上妳們的小弓箭和小零食哦！

最後，本次節假期間，青龍、薦福、永壽等地戲場都將舉辦千秋節廟會。但論人數和參展商數量，全長安沒有地方比得過我們曲江慈恩一帶的戲場。屆時慈恩寺附近將舉辦大型廟會。大唐蹴毬超級聯賽的奪冠決賽也將在慈恩寺毬場展開角逐。咱們大唐的蹴毬從蹴鞠演變而來，卻也有明顯不同：一來，咱們的球是「毬」，不同於從前那些中間填充毛髮的皮革球，咱們的氣毬內膽是用動物膀胱充氣，外皮由皮革縫合一體，彈性好還輕便；二來，咱們的玩法也有了根本性改變，主張「交爭競逐，馳突喧闐」、「略地丸走，凌突月圓」，參賽者可以盡情地盤帶過人或頭頂傳球。

歡迎來圍觀！

● 蹴鞠球

不想出門，宅家鬥草也歡樂

絕佳地點：家
每個人位址都不同

如果你是唐代宅男宅女，千秋節期間不想出門湊人擠人的熱鬧，在家娛樂請首選鬥草！

鬥草是大唐民眾喜聞樂見的娛樂活動，大唐的諸位娘子們，下至十八上至

八十八，時逢節假都要鬥一鬥。

　　這種賭勝遊藝類活動，玩法分為一文一武兩種。武的玩法是通過以草莖相交絞來比試草莖的韌性：兩個人各持己端向後拉扯，以斷者為負。文的玩法是通過採摘花草，來比拼誰採的花草種類更多、品種更稀有。若是種類和珍稀相當，將加賽誰摘的更富有吉祥意義。這種鬥草娛樂，往往以家庭為單位組隊，每家每戶都可以與鄰居家進行比拼，極富有競爭性和刺激性。娘子們為了能贏，往往絞盡腦汁，上天入地去採草，採到了先藏起來，隱藏實力。等到人家把手裡的草都出光了，再掏出自己的王牌草，一擊絕殺！據說前些日子宮裡的某位公主，最後出的王牌竟是謝靈運的鬍鬚呢！

　　如果你覺得鬥草太考驗心智和體力，贏面不大，猜謎、行令、藏鉤和雙陸也是目前排行榜上僅次於鬥草的遊戲，可以考慮考慮。記得千秋節期間邀約親友一起來玩喲！

唐　周昉《內人雙陸圖》（局部）

NO.3
健身篇・告訴你唐代的小姐姐怎麼擼鐵

JIAN SHEN PIAN
GAO SU NI TANG DAI XIAO JIE JIE ZEN ME LU TIE

　　—— 五月不減肥，六月徒傷悲。恨不生大唐……

　　—— 等等，為啥這樣說？

　　—— 都説唐代女子以胖為美！ 我要是穿越過去，恐怕還不夠美的標準吧！

　　—— 誰説的，大唐的小姐姐們重視的是體型剛健婀娜，才不是一味地胖！來來來，看看她們都是怎麼擼鐵的！

舞蹈也能真‧擼鐵

　　唐代時女子舞蹈種類繁多，大體分為「健舞」和「軟舞」兩種。顧名思義，前者矯健剛勁，如大江澎湃；後者輕柔婉轉，如風拂柳枝。軟舞裡最知名的要數「綠腰」，「慢態不能窮，繁姿曲向終」。這種舞的動作從慢到快，舞姿變化多端，翩翩裊裊，這麼一套下來，妥妥地燃燒你的「卡路里」！

　　如果覺得「綠腰」還不夠快，來一套胡旋舞：「左旋右轉不知疲，千匝萬周無已時。」轉到最快的時候，圍觀群眾連舞者的臉和背都分不清了。後來，有的胡旋舞者乾脆站在球上跳舞，不管怎麼轉、怎麼跳，始終腳不離球。要想跳出這樣的舞，沒有腿勁和優秀的平衡感可做不到！

● 唐代陶製舞俑

相比考驗腿勁的胡旋舞，健舞則更考驗臂力。極具代表性的健舞當屬劍器舞。舞者手持寶劍，揮灑自如，閃閃寒光和女子矯捷的身姿融為一體，驚心動魄之處令人歎為觀止。最知名的舞者要數「一舞劍器動四方」的公孫大娘了。她的舞姿，讓「詩聖」杜甫念念不忘，提筆寫下「來如雷霆收震怒，罷如江海凝清光」的名句；讓「草聖」張旭看了她的舞蹈後，書法豪邁得更上一層樓；讓「畫聖」吳道子從舞中領會畫意真可謂一舞動三聖！ 劍器舞用的劍是頗有分量的真劍，跳起舞來是不折不扣的「擼鐵」，非常考驗手臂的力量。

射箭、彈弓
誰說女子不如男

如果你身在大唐，看到一隊妝容精緻、身背弓箭的小姐姐騎著銀韉金勒的白馬出城去了，不要驚訝，她們是去打獵的。唐代女子的射獵本領不能小瞧，有的能向天仰射，一箭射中一雙飛鳥；也有的放出獵鷹後，駕著快馬追逐野兔，不多時，馬鞍邊就掛滿獵物。騎射不僅考驗眼力，也鍛鍊體力。宮女們能夠跟隨皇帝射獵，也不是一日之功，是先從練習射御苑池上的木鴨子開始的。除了射箭，宮女們還喜歡用金彈子打偷吃櫻桃的鳥兒。為了練眼力，宮廷的端午日常之一就是在金盤裡放上粉團、粽子，用特製的小弓箭比賽誰能射穿。由於這兩種食物外表滑膩，個頭又小，箭不容易插中，很考驗射箭水準。

唐代女子騎馬陶俑

馬球：最IN的活動就是它

馬球可以說是唐代的一項全民運動，無論男女都能參加。大唐的女子可不僅僅是場外的啦啦隊或者熱心觀眾，而是會親自躍馬揚鞭、馳騁球場。每年寒食節就是宮中女子打球的日子，「廊下御廚分冷食，殿前香騎逐飛球」，一派熱鬧景象。要打好馬球，既要能有臂力、體力控馬，又要有足夠迅速的反應來揮杆，水準高的選手還能打出反手抽擊的「背身球」。如果運動天賦沒那麼高，駕馭不了暴烈的馬，還可以把馬換成個頭比較小、更溫順的驢，打一場「驢鞠」，或者直接不騎馬，在地面上用球棍一決勝負，這叫作「步打球」。這樣大汗淋漓地打滿全場，怎能不減脂增肌呢！

《八達遊春圖》中眾人騎馬作樂的場景

Question
& Answer

測驗妳在大唐是什麼身份？

文／顧閃閃

　　睜開眼時，妳發現自己正站在一座陌生的花園中，周圍都是古香古色的建築。妳低頭望去，只見平靜的湖面上映照出「自己」的倒影——妳頭梳高髻，頸配瓔珞，身著輕薄的齊胸衫裙。如果判斷不錯，妳現在所處的時代，多半是遙遠又繁華的大唐。

　　妳想，此時此刻最要緊的，是搞清楚自己的身份⋯⋯

沿著湖邊向臥房方向走去，妳發現自己的屋前栽種了許多花，以下花卉中，哪一種更符合妳的喜好呢？

A　頑強益活的迎春花　　　　　　　　　　　　　　　2分

B　翩然一線的曇花　　　　　　　　　　　　　　　　1分

C　金尊玉貴的牡丹花　　　　　　　　　　　　　　　3分

D　清熱解毒的金銀花　　　　　　　　　　　　　　　4分

剛回到屋中，門外便傳來消息，說今晚將軍府要舉辦宴會，全長安城的公卿小姐都會到場。妳打開衣櫥，想換上一身衣裳，在滿目錦繡中，妳會選擇哪一件呢？

A　舒適的坦領半臂襦裙　　　　　　　　　　　　　　2分

B　行動輕便的對襟胡服　　　　　　　　　　　　　　1分

C　平平無奇的女子常服　　　　　　　　　　　　　　4分

D　奢華無比的曳地大袖衫裙　　　　　　　　　　　　3分

妳來到將軍府，沒一會兒，宴會就開始了。今晚妳最想看的節目是：

A　衣袂翻飛的胡旋舞　　　　　　　　　　　　　　　　1分

B　優雅平緩的古琴彈奏　　　　　　　　　　　　　　　3分

C　有一定故事情節的傀儡戲　　　　　　　　　　　　　4分

D　驚險刺激的爬竿雜技　　　　　　　　　　　　　　　2分

看罷百戲，妳覺得有些餓了。侍女們源源不斷地將美味端到妳的桌上，面對以下幾種美食，妳會先吃哪一盤？

A　香氣撲鼻的烤羊肉　　　　　　　　　　　　　　　　1分

B　鮮美爽滑切鱠　　　　　　　　　　　　　　　　　　3分

C　酸甜可口酪櫻桃　　　　　　　　　　　　　　　　　2分

D　焦香酥脆胡麻餅　　　　　　　　　　　　　　　　　4分

吃食撤下，酒足飯飽，這時將軍府的侍女們又呈上了一碗飲品，妳希望它是：

A　能開懷痛飲的美酒　　　　　　　　　　　　　　　　1分

B　甜甜的葡萄漿　　　　　　　　　　　　　　　　　　2分

C　一碗香茶　　　　　　　　　　　　　　　　　　　　3分

D　普普通通的水　　　　　　　　　　　　　　　　　　4分

請認真選出妳認為對的選項，翻頁就有驚喜～

去年今日此門中，人面桃花相映紅。

妳的身份：

妳是府中最受寵的小女兒，世人眼中的小家碧玉。生在侯爵之家
的妳熱愛一切美的事物，美景、漂亮小裙子和美男都是妳的菜，
妳懂得怎樣過好眼前的生活，懂得如何享受青春。或許過不了幾
日，橋頭那位驚鴻一瞥的郎君就會前來下聘。

晚來天欲雪，能飲一杯無？

妳的身份：

妳是書香門第的才女，腦子裡卻藏了許多稀奇古怪的想法。妳討
厭像一般大家閨秀那樣自我束縛，在妳的詩詞書冊之中，還偷藏
著婢女幫妳買回來的志異傳奇。能夠完全讀懂妳的人不多，但妳
反而覺得，就這樣做自己便很愉快。最近一個問題在困擾著妳：
前幾日輕飄飄停落在妳家屋簷上那位白衣俠客，今晚還會不會再
來呢？

火字籤

滿堂花醉三千客，一劍霜寒十四州。

妳的身份：

妳是旁人眼中神祕莫測的俠女，憑藉著一身紅衣、一把寶劍闖蕩江湖。妳威震邊塞，隨心所欲的妳從不為金錢所驅使。不管是長安官邸還是節度使府，身懷輕功的妳都來去自如，但見過妳的人卻極少。不過最近發生了一件脫離妳掌控的事情——機緣巧合之下，妳救下一個命懸一線的少年郎，而在那之後，這個少年郎已經跟了妳整三天了。

金字籤

直到相思了無益，未妨惆悵是清狂。

妳的身份：

妳是富翁之家的長女，偌大家族的管事。比起姑娘家鍾愛的刺繡女紅，妳更喜歡錢財，且取之有道。妳懂得如何平衡人情與利益之間的關係，也懂得如何恩威並施。這樣的妳，自然要將成婚的主動權牢牢攥在自己手中。妳想，嫁給誰都可以，但一定不要嫁給那個與妳針鋒相對的登徒子。

土字籤

誰家玉笛暗飛聲，散入春風滿洛城。

妳的身份：

妳是遊走在朝堂之中的睿智女官。置身於詭譎波瀾之中的妳應變能力極強，能適應一切未知的環境。妳的內心兼任，即便在絕境之中，也能迅速找出應對之策。細心與機智是妳的優點，並且妳的執行力與想像力同樣出色。在妳書房的暗格中，藏著某位皇子遞來的字條，妳正在考慮要不要同他合作走上權力之巔。

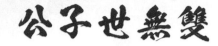

公子世無雙

16.9 x 23.4 cm 208P

宗之瀟灑美少年，
舉觴白眼望青天，
皎如玉樹臨風前。
宋玉、潘安、周瑜、趙雲、納蘭性德…
以古代偶像天團的姿態降臨，
在互相競技之中，
引領你傾聽他們的故事，
解讀各個年代的生活背景，
認識歷史人物再也不沉悶無聊了！

★精美插圖
讓你驚豔於各路美男的高神仙顏值

★紮實內容
帶你了解美男跌宕起伏的人生故事

君子溫如玉

16.9 x 23.4 cm 208P

首屆君子藝能大賞正式開啟！
十九位古風俊美君子隆重登場！
李白、曹植、李煜、蘇軾、顏眞卿……
琴棋書畫、詩詞歌賦、騎馬射箭、無所不能，
溫柔暖男、霸道將軍、高冷男神、酒中仙人，
總有一位能贏得你的芳心！

瑞昇文化
http://www.rising-books.com.tw
＊書籍定價以書本封底條碼為準＊
購書優惠服務請洽
TEL：02-29453191
deepblue@rising-books.com.tw

瑞昇文化
粉絲頁

瑞昇文化
Instagram

TITLE

唐風美人誌

STAFF

出版	瑞昇文化事業股份有限公司
作者	南方赤火　顧閃閃
總編輯	郭湘齡
責任編輯	張聿雯
文字編輯	蕭妤秦
美術編輯	許菩真
封面設計	許菩真
排版	洪伊珊
製版	明宏彩色照相製版有限公司
印刷	龍岡數位文化股份有限公司
法律顧問	立勤國際法律事務所　黃沛聲律師
戶名	瑞昇文化事業股份有限公司
劃撥帳號	19598343
地址	新北市中和區景平路464巷2弄1-4號
電話	(02)2945-3191
傳真	(02)2945-3190
網址	www.rising-books.com.tw
Mail	deepblue@rising-books.com.tw
初版日期	2022年1月
定價	360元

國家圖書館出版品預行編目資料

唐風美人誌 = Fashion beauty/南方赤火, 顧閃閃著. -- 初版. -- 新北市：瑞昇文化事業股份有限公司, 2021.12 232面 ; 16.9 X 23.4公分 ISBN 978-986-401-528-3(平裝)

1.生活史 2.社會生活 3.唐代

634　　　　　　　　　　110018728